Elisàr von Kupffer

Auferstehung.

Irdische Gedichte
von
Élisàr von Kupffer.

Zweite Auflage.

Verlag Kreisende Ringe.
Max Spohr, Leipzig.

Dem Andenken meiner heiligen

unvergeßlichen Mutter

Elisabeth Marie Christine

geb. von Thomsén.

Motto:

Werde, der du bist!

Pindaros.

Die gangbare Münze, und wäre sie noch so schmutzig — und gefälscht — findet allemal einen, der sie begehrt. Aber die schönste Münze, wenn sie neu geprägt ist, begegnet dem Mißtrauen der Unwissenden. Und wie viele sind nicht Unwissende des Lebens?!

E. v. K. „Doppelliebe."

Etwas Prosa.

Fast wollt ich mit einer Entschuldigung be=
ginnen   Aber es ist ja soviel Ungereimtes
im Leben, warum sollte es nicht auch das Ge=
reimte sein? .   Nun denn, ich wage es in dem
Lande der Dichter und Denker, wo jeder selbst so=
viel zu dichten und denken weiß und daher, wie es
zu gehen pflegt, seiner eigenen Dichtungen treuster
Leser ist — kurz, ich wage es, etwas Gedichtetes
und Gedachtes dem lieben deutschen Volke anzu=
bieten. Es ist schlimm so ein ganzes Volk von
Kollegen. Doch ist es ja eigentlich etwas Erlebtes,
und da müßt Ihr schon Nachsicht haben. Erlebtes
ist am Ende allemal etwas Verschiedenes in dieser
wechselvollsten aller Welten

Du magst so streng mit mir zu Gericht gehn,
als Du willst, lieber Leser und liebe Leserin oder
schöne Leserin und schöner Leser oder wie Ihr
Euch sonst nennt — das magst Du, denn das ist
Dein gutes Recht, wenn ich vor Deinem Richter=
stuhl erscheine; aber Du mußt dann auch gerecht
und billig sein und meine Verteidigung von An=
fang bis zu Ende anhören.

Es ist keine Blütenlese, die ich Dir hier

Es ist keine Blütenlese, die ich Dir hier
offeriere, nein, es ist eine Art Beichte eines —
sagen wir nicht Thoren, aber Menschen. Es ist
eine Art Roman. Und Du kannst den armen
Helden (verzeihe den üblichen Ausdruck) sehr schief
beurteilen, wenn Du nur blätterst. Da Du aber
gewiß ein sehr gerechter Mensch bist, darf ich
hoffen, daß Du mich ganz hörst oder gar nicht.
Jeder Held einer Geschichte hat seine Wandlungen,
so auch der dieses Fragmentes. Es giebt für ihn
daher keine andere Tendenz, als die, welche ihm
sein Leben eingiebt Viel Menschliches wirst Du
finden; manches ist so allzumenschlich wie der
Reim: Sonne und Wonne oder Herz und Schmerz.'

Der Anfang dieser Geschichte erschien bereits
vor sechs Jahren, war aber — ich geb es zu —
weniger eigen. Fortsetzung und Schluß stehen
in den Sternen geschrieben.

Es sind Kinder meines Lebens, die Du hier
antriffst: ob sie schlechter sind als ich oder besser,
ich weiß es nicht Urteile selbst. Wenn ich Dir
nicht gefalle, so klappe das Buch zu, und hast Du
das Buch zufällig — nicht geliehen, so räche
Dich an einem Feinde und schenke es ihm, damit
er es lese.

Und nun verzeihe mir die lange Prosa, in
Anbetracht dessen, daß Du so lange Poesieen hören
sollst.

Der Dichter.

Inhaltsverzeichnis.

Streitbares.

Mein Heiligtum.

Eine Ouvertüre aus späteren Tagen.

Ein Tempel ist mir geblieben,
    ein Heiligtum
    ohne Menschenruhm,
geweiht den lebendigen Trieben,
in dem ich Hoherpriester bin,
ein Priester mit unbeschränktem Sinn,
ein Priester des eigenen Lebens.

Es reden stumme Gewalten
    darinnen zu mir
    und im heil'gen Revier
erspäh ich das Wechselgestalten;
dort spricht mein Gott zu meinem Geist,
mein Gott, der blind mich die Pfade weist,
mein Gott meines quellenden Lebens.

Ich opfere heute und morgen
    mein priesterlich Blut,
    und des Herzens Glut
bedarf nicht des Weihrauchs zu borgen.

Kein Fremdling geht hier ein und aus,
ich walte allein in dem Tempelhaus,
ein Priester des eigenen Lebens.

Der neue Sang.

Ihr alten Saiten, seid zerrissen,
die ihr so lebensbang erklangt!
Ich will die müden Töne missen,
an denen euer Lied gekrankt.

Dich bann ich, Schatten, der du nächtig
mir griffst ins helle Saitenspiel,
Es soll kein Fremder mehr allmächtig
mich fesseln, wie es dir gefiel,

Nicht die Vergangenheit beschwören
will ich in trügerischem Sinn,
ich will der Gegenwart gehören,
doch wo ich frei und heimisch bin,

Und was ich liebe, will ich hegen,
nicht fragen, ob es andern recht!
was kümmert mich auf Sonnenwegen
das dunkelliebende Geschlecht!

Ich will das Licht, will bunte Farben
und will die menschenfrohe Welt,
daß jede Sitte, die zu darben,
zu leiden zwingt, in Nichts zerschellt.

Uns soll kein düstrer Wahn betrügen
um unsres Lebens kurzes Glück!
Nie gaben träumerische Lügen
uns ein verlornes Sein zurück.

So ward ich frei, wie meine Lieder,
doch nicht im Taumel irrer Lust,
nur strecken will ich meine Glieder
und atmen tief aus voller Brust.

Hinweg, ihr schattigen Gebilde,
die ihr das Sonnenlicht verscheucht!
das farbenreiche, feurig=milde,
das ewig=reiche, fort! entfleucht!

Wohin sich meine Blicke weiten,
noch ist die Erde formenreich;
was kümmert mich der Geist der Zeiten,
bin ich mir selbst nur treu und gleich!

Ich bin ein Mensch und diese Erde
ist meine Heimat, mein Gezelt.
Du, reiches Herz, nun werde! werde! . .
— Ich lächle dieser Tränenwelt.

Es werde Licht!

Wild rauscht der See. Zerrißne Wolken jagen
    am düstren Abendhimmel hin.
Zerklüftet, finster aus dem Nebel ragen
der Berge Häupter auf. Verklungne Sagen
    erwachen hier vor meinem Sinn.

Es wurde Nacht, wie einst vor grauen Zeiten,
    tieföde Nacht, und Gottes Geist
zieht schwebend hin durch ferne Einsamkeiten,
ein mächtig Wehn — die dunklen Fluten gleiten,
    kein Licht die Finsternis zerreißt.

Es ist der Geist, der Drang der Urgewalten,
    der lebensvoll im Dunklen schafft,
bis sich der Keim zum Bilde will gestalten
und wechselnd strebt sein Innres zu entfalten —
    das ist die stille Nacht der Kraft.

Es wetterleuchtet und die Donner rollen
    im Berge fort: es werde Licht!
Gleich weißen Geistern, schäumend lebensvollen,
stürzt Wog um Woge her, der Flut entquollen —
    und jede sich am Strande bricht.

Da wogt heran auch unser Menschenleben,
    das, ruhelos, zuletzt zerschellt.

Ein heißes, tiefes, unbewußtes Streben,
das sich verlangt aus Dunklem zu erheben
    zur kurzen Freude dieser Welt.

Lebenswende.

Und will denn nimmer enden
    der Liebe Macht,
so soll sie reich verschwenden
    die süße Pracht!

Bestricket noch die Sonne
    mit Zauber mich,
so will in süßer Wonne
    ersterben ich.

Warum noch einsam kauern,
    versteckt im Hag?
Mein Herz, warum vertrauern
    den kurzen Tag?!

Und soll's an einer Wunde
    gestorben sein —
laß uns die schnelle Stunde
    der Liebe weihn!

San Remigio.

Wie Lapis Lazuli erschimmert
der See in tiefdunkelem Blau,
darüber im Sonnenschein flimmert
des Himmels azurene Au.
Wie Veilchen sehn aus den Fluten
die fernen Gebirge hervor,
es steigen in farbigen Gluten
die grünen Gestade empor.
Und hoch in den Palmenkronen,
da säuselt nur leise der Wind,
die Grüße aus glühenden Zonen
dem tropischen Königskind,
Es schaukeln durch zitternde Lüfte
sich üppig die Falter dahin,
und wollustatmende Düfte
betäuben mit Träumen den Sinn.
Mit deinen Augen, so dunkel
wie das Geheimnis der Nacht,
mit deiner Sterne Gefunkel
hast du mich wild gemacht.
Laß mich dich umarmen und nippen,
du süßes Menschenkind,
von deinen schwellenden Lippen,
die rot wie Kamelien sind!
O laß mich küssen und kosen
in kurzer vergänglicher Luft

und dann wie duftende Rosen
verwelken an deiner Brust!

Lacrimae Christi.

Die Adern erglühen,
die Wangen blühen
vom Tränenwein,
und Wehmutssprühen
ins Herze mein
Lacrimae Christi.

Da eilet die Menge
im Abendgedränge
und jagt nach der Lust.
Wie wird mir so enge,
so öde die Brust!

Die Menschen betrügen
mit gleißenden Lügen
sich täglich allhier,
sie heucheln und rügen
und trinken — Begier.

Im Tode erst werden
gestillt die Begehrden
dem zagen Geschlecht —

Es lebe auf Erden
der Mensch und sein Recht!

Im Todessehnen
Erlösung wähnen —
gottkränkender Sinn!
Und Falschheit und Thränen
sind unser Gewinn —
    Lacrimae Christi.

Schnee - Frühling.

Das Feuer knistert im Marmorkamin,
die Funken sprühen und ziehn
wie flüchtige Gedanken
Vergangne Gestalten vorüber schwanken
und Träume der Zukunft erstehn.
Durchs Fenster die schneeigen Berge sehn
und um sie flattern die Nebelstreifen,
die über den See, den schlafenden, schweifen,
    bald wachsen, bald in Dunst zergehn.
Sieh da! welch neckische Genien kommen!
Ich habe doch Abschied auf immer genommen.
Im hübschen Antlitz die Augensterne,
wie blicken sie lieb, wie hab ich sie gerne!
    Sie setzen sich zu mir aufs Knie

und plaudern zu mir von lockender Ferne
mit farbigem Zauber der Phantasie.
Sind es nicht gar der Sehnsucht Stunden?
Sie schlugen zu oft mir bittre Wunden.
Nun liebt ihr und herzet und küsset mich!
Ihr lieben Dinger, was soll der Flimmer,
was soll der Tand? Mein Wahn entwich.
Es ist vorbei, vorbei für immer —
Ich glaube ja nicht, daß hoch und hehr
die Güte über den Sternen tront,
mit freier Allmacht spendend lohnt.
Ihr findet den alten Träumer nicht mehr.
Ich scherze nicht, nein. Mit meinem Verlangen
ist es gar übel und seltsam ergangen
Wie habe ich wild begehrt und gewollt,
habe Liebe und Hoffnung groß gezogen
und griff nach dem schillernden Regenbogen
des Glückes und glaubt es dem Menschen hold!
— Nein, nein, ihr habt mich arg betrogen;
ich greife nicht mehr nach dem Märchengold,
das unter den Händen von dannen rollt.
Nein, nein, ich werd mich nicht blenden lassen,
noch bunte Bilder für Wahrheit fassen,
ich habe Tribut der Thorheit gezollt.
In der Verachtung will ich mich sonnen
der eitlen Erde und ihrer Wonnen. — —
Die wilden Genien hören mich nicht

und flüstern mir zu unter Lachen und Küssen:
wir kommen wieder, du wirst schon müssen,
du wirst schon wollen, du weiser Wicht!

Ich fahr empor. Die letzten Kohlen glimmen.
In lichter Sonne wogt der blaue See.
Der Lorbeer glänzt im frischgefallnen Schnee
Fort sind die Bilder, aber nicht die Stimmen.
Die schöne Welt lacht mir ins Herz mit Weh . . .

Am Wege nach Maria Eich.

Die Felder schlummern waldumsäumet
in später Mittagssonnenglut,
und unter goldnen Ähren träumet
der rote Mohn, wie wogend Blut.

Ein Kirchlein seh ich drüben flimmern,
sein Dörfchen sich im Frieden sonnt,
und ferne, ferne Berge schimmern
in blauem Dunst am Horizont.

Ich möchte betend niedersinken,
ja beten um der Menschen Glück,
ich möchte Frieden, Frieden trinken,
ich möcht, woher ich kam, zurück.

Es giebt, es giebt ein lichtes Leben,
das wir uns selbst im Wahn geraubt.
Willst du das Glück uns wiedergeben,
o Welt, an die ich treu geglaubt?

Da blick ich auf; es rauscht die Eiche,
und zitternd huscht das Sonnenlicht
am Kreuze übers schmerzensreiche,
die Welt verschmähnde Angesicht.

Der Leu von Luzern.

Eine lyrische Skizze.

Die Sonne entschlummert hinter der Felsenmauer.
Wie wird es so einsam, so still — nur die Früh=
                              lingsnacht
zieht leise herein mit geflügeltem Weiheschauer.
Dort ruht, in den Fels geflüchtet, auf treuer
                              Wacht
der sterbende Leu; es begrub in den edlen Zügen
sich heiliger Schmerz um den Tod einer fürst=
                              lichen Zeit.
Da flattern umher, wie häßliche, furchtsame Lügen
die Fledermäuse im nächtlichen Alltagskleid.
Hinweg! Was störet ihr? Lasset dem Tode den
                              Frieden!

Was ſtöret ihr uns mit ſchaurigem Flügelſchlag?
Iſt keine Stätte dem ragenden Geiſt mehr be=
ſchieden,
wo einſamen Stolzes ſein Herz verbluten mag?
Sich ſelbſt eine Welt — zu herrſchen — iſt
Königswille.
Hinweg mit dir, des Pöbels huſchender Blick!
Was lauſcheſt du gierig in atemloſer Stille
dem Röcheln des Opfers und nennſt deine Roheit
Geſchick!
Die Pranke ſank kraftlos, im Körper haftet die
Lanze,
es ruht auf dem Schild mit den Königslilien ſein
Haupt,
das kühne Haupt mit der wallenden Mähne zum
Kranze:
der Schönheit und Macht ward das Leben vom
Volke geraubt.
O weh, wenn du ſtehſt auf den Höhen der
Menſchheit verlaſſen,
ein einſamer König in deiner ureigenſten Welt!
O ſiehe, ſo werden die Staubgebornen dich haſſen,
die Brüder ſich nennen: du wagteſt im Sklaven=
gezelt
ein Eigner zu ſein, du trotzeſt den alten Geſetzen,
du fühleſt dich über den Sitten der Menge ſtehn —
vergiftete Speere dein ſtolzes Herz dir verletzen,
du darfſt nur in Ketten auf einſamen Pfaden gehn.

Siehst du ihn sterben, den König unter den
Geistern?
Hingehet die Zeit, da kühn seine Macht gebot;
jetzt will der Pöbel die Fürsten der Erde meistern
und zerret Titanen herab zu des Alltags Tod.
Am Fuße der Mauer träumet der Wasserspiegel
Begrub er die Welt, die tote, auf seinem Grund?
Drauf drücket der Mond sein bleiches gespenstiges
Siegel;
kein Murmeln und Rauschen thut von der Zukunft kund.
O siehst du's im leuchtenden Auge des Löwen
flagen?
Ein schmerzlicher Schrei durchzittert die Früh-
lingsnacht:
Nicht heute nur, nein, solang die Jahrtausende
jagen,
verfolgt der Neid den Geist und den Stolz und
die Macht.

Herbstschweigen.

Der Ahorn blutet. Kalter Sonnenschein
umspielt der Birke sturmentlaubte Zweige.
Es raschelt so — mein Fuß geh sacht und fein —
der Sommer schwand, das Leben ging zur Neige.

O Freude, Lust, wo wandelst du zu Zweien?
Hier weilst du nicht. Nur einsam geht mein Pfad.
Hörst du den Kranich noch, den letzten, schreien,
der südwärts zieht? Der Tod, der weiße naht.

Wo bist du, Sonne, meine Sommersonne?
Ihr Blüten all, du üppiggrünes Laub?
Und wo der Träume jäh verwehte Wonne?
Wem ward der Frühling meiner Welt zum Raub?

In ihr Gewebe flüchtet scheu die Spinne.
Tiefödes Schweigen lastet auf dem Moor.
Die Lust der Wehmut spielt um meine Sinne
und die Gedanken tönen mir ins Ohr.

Sonnentränen.

Was zählst du deine Tränen, krankes Herz,
und deines Kummers, ach, so reiche Blüten?
Was weinest du? Es ist ja bloß ein Scherz.
Was klagst du so? Wie schön die Stürme wüten!

Was zählst du deine Schmerzen? Winde sie
mit froher Laune dir zum Totenkranze.
O horch! in deinem Leid ist Melodie;
und Leid und Lied, wie bald verklang das Ganze.

In deinen Tränen perlt das Sonnenlicht,
das schöne Licht. O scheine du im Herzen!
Nacht wird es erst, wenn müd das Auge bricht.
Du krankes Herz, was zählst du deine Schmerzen?

Das Glück des Genius.

Es ist so still, nur eine Kerze brennt
und lange Schatten huschen an den Wänden. —
Welch müder Blick, der keine Freude kennt!
Der Kranke spielt mit seinen bleichen Händen;
er zeichnet Bilder, tote, in die Luft, —
doch keine Träne löscht des Auges Feuer.
— „Es ist vorbei — mein Sein gehört der Gruft.

Tot, alles tot, was einst mir lieb und teuer!"
An seinem Lager sitzt sein Freund und wacht,
der Einzige — den ließ ihm noch das Leben.
Er streichelt ihn zu Ruhe. „Gute Nacht —
Du schonst dich nicht. Der Tag wird Glück dir
geben."
— „Glück? Glück?!" Die bleichen Lippen küßt
der Spott.
„Der lichte Tag hat mir kein Glück zu spenden.
Was will die Welt — der ungerechte Gott?
Den Stoß, den letzten mögen sie mir senden!"
— „Du drangst nun durch, gieb doch der Hoff=
nung Raum.
Du siegst, mein Freund, und es soll anders
werden."
— „Soll anders werden?! — Eitel ist der Traum.
Die Nacht, die Nacht giebt mir erst Glück auf
Erden.
Die kleine Welt zog mich in Schmerzen groß.
Enttäuschung preßte mich in ihre Arme.
Ein Hungertod war meines Lebens Los,
ein langer Wahn, daß sich ein Gott erbarme!
Die Menschheit war's, der ich mein Bestes gab,
mein Lebensblut und der Gedanken Früchte,
doch nur Gemeinheit ward des Schaffens Grab
und hohler Sinn, den eine Geißel züchte!
Und alles starb mir vor der Zeit dahin —

nur du, du bliebſt mir, Freund, und dieſer
Schatten
von Menſchenkraft. Der Tod wird mein Gewinn,
und die Verachtung nahm ich mir zum Gatten.“
— „Beruhige dich und warte, warte nur;
dein Fieber quält dich — bald, bald iſt's vor=
über.“
— „Vorüber? Nein.“ Er richtet ſich empor.
In ſeinen Augen ſcheint es aufzuflammen.
Welch neues Leben ſprudelt da hervor!
Bricht dieſe welke Kraft noch nicht zuſammen?
— — „Geh, ins Theater geh! — und ſag, ſag's
laut,
wenn ſie dort ziſchen, meiner ſpotten — hörſt
du —
daß mir vor keinem Spott der Erde graut,
ich Lob und Spott verachte — hör, das ſchwörſt
du —
daß ich mir ſelbſt gelebt, mir ſelbſt allein,
und das Geſchaffene mich ſelbſt erfreute,
daß mich kein Beifall machte groß und klein,
daß mich kein Elend, keine Träne reute —
daß ich . . . Geh! geh! Sonſt fluch . . .“ Er ſank
zurück.
Das bleiche Haupt fiel in die heißen Kiſſen.
Das war das ſpät, zu ſpät erkannte Glück.
Er griff ans Herz — ein Glück — es war zerriſſen.

Der Vorhang fiel. Ein wilder Beifall rauscht
und stürmet laut durch des Theaters Hallen
Das bunte Volk, das wie im Bann gelauscht,
es spendet jetzt im Taumel sein Gefallen.
Man ruft und ruft — schon flutet hell das Licht
vom Riesenkandelaber und es blitzen
die Diamanten, deren Strahl sich bricht
in bunten Farben, von den Logensitzen.
— „Fürwahr, mein Herr, o welch ein Genius!
Ich bin entzückt," so tönt es von dem Munde
geschmückter Damen. Ein Gedankenkuß
besiegelt dies Entzücken. — Welche Kunde?!
Man ruft und ruft, man drängt sich schon zu Hauf.
Warum entzieht er sich dem Lob der Richter? '
Da endlich, sieh, es geht der Vorhang auf!
Vor tritt ein bleicher Mann. Ist das der Dichter?
Man jubelt schon, doch nein, er ist es nicht.
Jetzt winkt er: schweigt! von jedem Blick umworben.
— „Ihr kommt zu spät. Kein lauter Jubel spricht
zum Dichter mehr, denn er ist heut gestorben."

Die Liebe.

Du weiße Wunderblume
mit deinem Kelch wie Blut,
willst mir am Busen welken
durch meines Herzens Glut.

Mit meinen Tränen netze
ich dich nun alle Tag,
o sag, warum dein Blühen
mir nicht gelingen mag!

„Nicht weinen sollst du — lächeln.
Aus meinem Kelch wie Blut
sollst du dir Freuden trinken
und frohen Lebensmut.“

Durch die Welt.

Es ging ein Knab auf die Wanderschaft,
gar nichts hat er mitgenommen —
nur ein Herze, noch warm in der Liebe Haft —
durch die weite Welt ist er kommen.

Wohl weckte ihm Tränen der Trennung Leid,
doch begrub sie der Hoffnungen Menge.
Die Welt war so groß, die Welt war so weit,
und war doch so eng, ach so enge!

2*

Allüberall winkte des Glückes viel,
des reichen Glückes der Erden,
allüberall ging es vorbei am Ziel,
es wollte kein Glück daraus werden.

Es ging ein Knab auf die Wanderschaft,
gar nichts hat er mitgenommen
und da er zur Heimkehr sich aufgerafft —
ohne Herz ist er heimgekommen.

Verschollen.
An Agnes.

Was ziehen für bunte Bilder vorbei
    aus grauer unendlicher Ferne? —
Horch! hört ich nicht früher auch die Melodei
    auf einem verschollenen Sterne?

Wir weilen allein — und draußen ist Nacht,
    der Herbstwind rauscht in den Bäumen.
Du hast ein Licht in den Saal gebracht,
    du spielst — ich horche in Träumen.

Du spielst und schaust mir ins Angesicht,
    tief, tief ins Auge — ins Herze.
Im großen Saale flackert das Licht
    der Liebe als Totenkerze.

Du spielst und sprichst und lächelst dabei.
  Ich glaube, ich bin dein Genosse . . .

— — —

Es ist die falsche — die Melodei
  vom weißen verschollenen Schlosse.

Antinous.

Es graut. Die ersten roten Strahlen schleichen
ins marmorne Gemach. Die Sonne haucht
dem letzten ihrer Götter auf die weichen
lichtbraunen Glieder einen Kuß Sie taucht

das schöne Haupt mit seinen feuchten Locken
in duftig Rot. Doch er erwacht nicht mehr.
Kein Atem schwellt die Brust, die Pulse stocken.
Tot ist er — tot und trägt nach nichts Begehr.

„Tot — tot, mein Liebling! Nie mehr wirst du
                                    lachen!
Nie spricht dein Mund so wahrheitsfroh zu mir!
Nie wird dein Blick den Armen reicher machen!
Die Welt, die ich beherrscht, nahmst du mit dir!

Hin — hin! — und nimmer — nimmer kommst
                                    du wieder,
mein schöner Jüngling?! Du, der mich geliebt!

Kein Lenz — kein Lenz erweckt die jungen
                         Glieder . . .
Ich war so reich — und nun — ists, wie
                         zerstiebt!

Soviel des Alters mehrt das Leid der Erden,
allein die Jugend stirbt — und du — und du!
Die Häßlichkeit will bei uns heimisch werden,
allein die Schönheit stirbt — und du — und du!

Du buhltest nie um Gold in meinen Armen.
Nur Mensch war ich allein an deiner Brust.
An deiner Seite mocht ich froh erwarmen . . . .
Ha! wer entriß dem Cäsar seine Lust?!

Dich zog ein Dämon in des Niles Fluten,
ein falscher Dämon, der zu herrschen strebt
und der die Erde sonnenfroher Gluten
mit einem Volk von Heuchlern nun belebt.

Ich lernte herrschen, lernte auch verachten
Mein Reich ist weit, jedoch ich hab's durcheilt —
faul ist die Welt — ich möcht nicht übernachten,
nicht atmen, wo dein froher Sinn nicht weilt.

Dich schmäht der Heuchler — buhlt um neue
                         Gnaden . . .
Ich bin der Herr . . . Man ehrt des Cäsars Macht!

Ich will vor deinen Richterstuhl sie laden —
Du wirst ein Gott! Ich trotz der neuen Nacht! ..."

Er sitzt am Lager, eingehüllt in Schweigen —
er sinnt und sinnt. Der Sonne Lichter fliehn.
Er schweigt und schweigt. Die Abendschatten
                                    steigen
vom Nil herauf und es wird Nacht um ihn.

Schweigsamer Mann, was starrst du auf den Toten?
Es ist der Lauf der Welt, daß alles stirbt
und wieder stirbt. Wer hat ein Halt geboten?
Der ist ein Gott, der um das Heute wirbt.

Die schwachen Menschen brauchen ihre Götter,
der finstre Unmut ist dem Freien Feind,
der Greise wird am frohen Sinn zum Spötter,
die Eulen klagen, wo die Sonne scheint.

Ohne Schein.

Es giebt auch große Thaten,
die haben kleinen Schein,
sie leuchten Müden, Armen
in dunkler Nacht allein.

Sie sind die liebe Sonne,
die unser Herz erhellt,
sind nicht für blinde Mengen
m Karneval der Welt.

Da sterben die Lieder.

Die Lieder sterben in meiner Brust,
  scheint erst die Sonne auf Erden,
und alle dem Dichten feindliche Lust
  will ein Leben und Lieben werden.

Wie schwarze Vögel fliegen sie fort,
  die träumenden bösen Gedanken,
und heiter ziehn mich von Ort zu Ort
  des Gefühles duftende Ranken.

Und alle Tränen und Leiden der Welt,
  gezählt in trüben Stunden,
sie glitzern, wie Tau von der Sonne erhellt,
  wie alter Wein sie mir munden.

Die Erde liegt wie ein blaues Meer
  zu meinen Füßen gebreitet,
und in der Andacht hoch und hehr
  die Seele im Fluge sich weitet.

Die Lieder sterben in meiner Brust,
   wenn der Liebe ins Aug ich sehe,
und alle dem Trübsinn feindliche Lust
entsteigt wie ein Phönix versengtem Wehe.

XAIPE.

All meine Tränen und Leiden
hab ich wie Perlen gereiht
und häng sie mir um und freue
mich ihrer Herrlichkeit.

Sie gleichen den Diamanten,
die Mutter Erde geweint,
und blutigen Rubinen,
in denen die Sonne scheint.

Ich habe die Dornen gesammelt,
die der Baum meines Lebens trug,
sie wollen mich nicht mehr stechen,
doch — machten sie mich klug.

Die Pfeile, die auf dem Wege
die Feinde mir nachgesandt,
ich habe sie aufgelesen
und trag ein gefeites Gewand.

All meine Tränen und Leiden
hab ich wie Perlen gereiht,
ich schaue sie an und lächle
ob ihrer Vergänglichkeit.

Bajanisches Idyll.

Ich ging des Weges . . . Nah bei Bajae war's,
der Stadt vergangner Lust und Herrlichkeiten.
Das blaue Meer, dasselbe wie vor Zeiten,
schien auch zu schlafen, und die Sonne glühte.
In einen Krater führte mich mein Weg,
doch war auch er erloschen; seine Rundung,
von Obst und grünem Weingerank bestanden,
glich einem Blumenkorb, den sich ein Gott
zur Kurzweil schaffen möchte; statt der Falter
läßt er die Menschen nach den Trauben spähen
und schaut wohl lächelnd selbst dem Treiben zu.
Inmitten dieses Gartens macht ich Rast —
an einer Rundung war's von Stein — und träumte
von einer Welt, die nicht mehr ist, vielleicht
auch gar nicht war und niemals kommen wird,
jedoch ich träumte und die Wirklichkeit
beglückte mich sowenig, wie mein Traum.

— — — — —

Da kamen Menschen lachend grad des Weges:
es waren Jünglinge von hübschem Ansehn.
Sie schritten unbekümmert, bloßen Fußes,
mit leeren Körben, Trauben drin zu sammeln.
Sie gingen langsamer und grüßten freundlich.
Ich grüßte wieder und sie blieben stehn.
Da traf mein Blick den Einen, dessen Schönheit,
des Augen, Nase und die kühnen Lippen
Apollos Abkunft zu verraten schienen.

— — —

Sein Antlitz glich Neapels gelbem Pfirsich,
die Augen den Kastanien seiner Heimat . . .
So spann der Traum sich in Gedanken fort
und die Ruinen wurden erst lebendig,
die Bajaes Flut bespült, die Phantasie
gab sich gefangen diesem Spiegelbilde.
— Da lachte er und sagte schelmisch frei:
„Ich bin wohl schön? Gefall ich Euch?" —
                              „Sehr schön."
Und wie zerstoben war der kranke Schatten.

Welke Spenden.

Weiße Rosen, bleiche Rosen
wand das Schicksal mir zum Kranze;
diese herz- und freudelosen
passen nicht zu heitrem Tanze.

Weiße Rosen — rote Rosen —
ach, ich haſſe dieſe Blume!
mit dem Pöbel mag ſie koſen,
jedem iſt ſie liebe Muhme.

So zerflattern mir im Winde,
meines Schickſals welke Spenden!
Wo ich dein Gedenken finde,
will ich mich von dannen wenden.

Leid und Luſt.

Auf daß ein Frühling komm auf Erden,
muß es auch Herbſt und Winter werden.
Damit die Blüte ſich entfalte,
    thut Not,
  daß ſich der Tod
    geſtalte.

Auf daß der Tag ein Leuchten werde,
bedarf der Nächte dieſe Erde —
damit am Glück dein Herz ſich weide
    und Luſt
  dir ſchwell die Bruſt,
    ſo leide!

Lebenszauber.

Die Lust in meinem Herzeleid,
  die stirbt mir nimmer aus,
und flög sie noch so weit, so weit,
  sie fliegt mir doch nach Haus.

Ich schau ihr weh und träumend nach
  und bin der Welt so gram,
und sieh, mich ruft ihr Lächeln wach,
  macht Groll und Haß mir zahm.

Und rauscht mit dunklem Flügelschlag
  der Tod — der Tod heran,
sie kommt gewiß, sie kommt — und ach!
  sieht mich noch lächelnd an.

Herr des Lebens.

Weh! ruft die Welt — und ich will Lust.
Weh! ruft mein Leid — und ich will Freude
daß mir das Leben sich vergeude:
ich wills und schlag nicht an die Brust
in meinem Weh, ich bin kein Sünder,
ich bin der frohen Kraft Verkünder,
der sich der Mensch an sich erfreut

Ich kenn die Fluten, kenn die Stürme
und all das nagende Gewürme,
das unser Herz so ängstlich scheut.
Und strömt auch oft der Kelch des Lebens
von Tränen über, nicht vergebens
streck ich die Hand nach Göttern aus;
ich greife, froh des eignen Strebens,
nach meinem Kelch und trinke draus.
Weh! ruft die Welt, und Weh! mein Leid —
und ich will Lust, will Fröhlichkeit.
Ich hab gebangt um teures Leben,
das mir der Tod zu früh entriß,
ich hab dem Wahn mich hingegeben
und jeder frommen Finsternis,
ich kenne der Enttäuschung Wunden,
die uns der Zufall reich beschert,
in dumpfer Qual hab ich's empfunden,
wie weh der Schmerz den Leib verzehrt.
Ich geh auf stillen bunten Pfaden,
ich weil an einsamen Gestaden,
von niemandem zu nichts bekehrt.
Ich kenn des Kummers alte Sagen,
die heut lebendig, wie zuvor,
doch ich bestürm nicht mehr mit Klagen
der weherzeugten Gottheit Ohr.
Ich will das Leben lächelnd tragen,
wie nur ein ungelehrter Thor.
Dem Leben schenk ich seine Rechte,

bedaure jene, die nur Knechte
im Dienste ihres Wahnes sind,
des düstren Wahnes, der sie schwächte —
ich bin des Lebens Herrenkind,
das Lust in seinem Harm gewinnt.
Weh! ruft die Welt. Gieb Acht! gieb Acht!
Weh! ruft mein Leid. Schweig still, mein Rabe!
Erst wenn ich starb — an meinem Grabe
da magst du krächzen: gute Nacht!
Der Trank des Lebens mich erlabe,
solange das Herz, das Herz noch wacht!

Unter der Sonne.

(Aus dem Drama „König Mensch".)

Selig, wer immer, menschlich geboren,
nie sich in Fesseln andrer verloren!
Sonne, belebende, ewigspendende
    Sieg und Verderben,
    Leben und Sterben,
Glühest in Liebe, brütest in Ruh,
goldene Pfeile sendest auch du —
    Sonne, dich kenne ich!

Selig, wer immer, menschlich geblieben,
wagte zu leben, leiden und lieben!

Sonne, belebende, ewigspendende
Sieg und Verderben,
Leben und Sterben —
selig wer immer, Kind dieser Erden,
wagte zu sein und wagte zu werden!
Sonne, dich kenne ich!

Das Herz — unter Leuten.

Wer kennt deine Berge und Schluchten,
deine sonnigen Hänge,
deine blauenden Buchten,
heimliches Herz,
in der Sitten Enge?! . . .

Was will das Lächeln deiner Lippen
und deiner Augen Deuten,
dein Dürsten — und Nippen,
falsch, ach! so falsch,
so übersatt — unter Leuten?!

Das Lied meines Menschen.

Auf meinen einsamen Höhen
gedenk ich der Menschen drunten
   in ihren Wohnungen,
und Sehnsucht ergreift mich
nach ihrer Sprache, nach ihren Worten,
nach ihrem traulichen Selbstvergessen,
nach Schönheit und nach warmen Leibern
Und mächtig, übermächtig
erfaßt mich die große Lust.
Ich fühle den Pulsschlag der Herzen,
   das Wogen und Drängen
zueinander, das Blut in den Adern.
Und ich steige hinab in die Straßen,
ich mische mich unter sie alle
und atme in vollen Zügen
   die warme Luft der Täler . . .
Und bin ich dennoch nicht von den Ihren?!
Sie staunen mich an und lachen,
sie weichen mir aus und gaffen,
   wie einem Fremdling nach;
sie tragen soviel Tand und Flitter,
ich aber trage die heißen Gefühle —
Gefühle meines Menschenherzens . . .
Und sie lachen, weil ich ein Mensch bin,
und ich kam doch zu Menschen,

in Sehnsucht nach Menschen brünstig,
ein allzumenschlicher Mensch.
Wie wird mir so weh, so einsam
hier unter den Leuten unten!
Meine wilden Küsse ersterben
auf meinen durstigen Lippen,
und es ist niemand, den ich herze,
als wäre er mein ... Wohin sind sie —
die Träume von menschlicher Schönheit
und Freude in ihren offnen Armen?!

Wie wird es so einsam, so einsam
in den Straßen unter den Menschen!
Und heimlich geh ich von dannen,
ersteige wieder die Höhen
      in klarer durchrauschter Luft.

— — — —

Da sitz ich in sonnigen Träumen
und sehne mich nach den Menschen,
nach ihrem Umgang, nach ihrer Liebe,
nach den Menschen drunten — nach Menschen.

Die Welt.

Da liegt die Welt zu meinen Füßen,
die kleine Welt der großen Leiden,
in der wir uns so bang bescheiden,
ein böses Schicksal abzubüßen.

Da liegt die Welt vor mir gebreitet,
die kleine Welt der großen Freuden,
wo wir die Schätze blind vergeuden,
eh sie uns noch ein Glück bereitet.

Da liegt die Welt, die ich so gerne
ans warme Herz verlangend drücke,
an deren Pracht ich mich berücke
in Menschennäh und Bergesferne.

Mag sie in Ewigkeit gedeihen
mit ihren Freuden — ihren Schmerzen!
Auch keine Stunde will ich merzen
aus diesen bunten Schicksalsreihen.

Entwurzelt.

In meiner Heimat starben
der Hoffnungen so viele —
die reichsten verdorrten — verdarben
fernab von ihrem Ziele.

Ich finde die Stätte nicht wieder
wo das Leben zuerst gesprochen,
die Stätte der ersten Lieder —
sie haben sie abgebrochen.

Wo bin ich heute zu Hause?
Wo ists, da ich heimisch werde?
Mir wurde die Welt zur Klause,
zur Heimat die weite Erde.

Allüberall scheint die Sonne
und Menschen sind allerorten ...
Dir blühen der Lenz und die Wonne,
ob Blüten dir auch verdorrten.

Stille Liebe.

Wenn wir uns beide begegnen,
so schaust du mich herzlich an,
als wollt uns die Liebe segnen,
die Liebe, die alles kann —

die über Schluchten und Gründe
schimmernde Brücken spannt
und bös erklügelte Sünde
aus unserem Leben verbannt.

Die Lippen schwellen und zittern,
als wär ihnen alles bewußt.
Ich glaube, es möchte gewittern
vor lauter verhaltener Lust.

Aus deinen Augen lauert
der sonnige Übermut,
der hinter den Wimpern trauert,
wie aschebedeckte Glut.

Wenn wir uns einsam begegnen,
so schaust du mich herzlich an ...
Komm, laß uns die Liebe segnen,
die Liebe, die alles kann!

Wache!

Auf dem grünlichen Weiher gleitet
einsam und lautlos ein weißer Schwan,
kaum daß die Flut sich zu Kreisen weitet,
spurlos und selig ist seine Bahn.

In den hängenden Weidenzweigen
träumt der eingeschlafene Wind — —
Selige Schatten den Träumen entsteigen,
Stunden, die längst schon entschlafen sind.

— — — — — — —

Wache, mein Herz! Wie leicht nicht umstricket
müdes Entträumen in modrige Gruft.
Wache, mein Herz! denn das Leben ersticket
bald in vergangenheit=schwangerer Luft.

Sonata appassionata.

Die Erde schläft in den Armen der Nacht
Ich halte allein in Träumen Wacht
   auf der Gartenterrasse.

— — — — —

Tönt nicht Musik aus dem Saale her?
Musik, so wild, so brünstig und schwer,
   wie ein Menschenverlangen!

Das sind die Töne, das ist die Lust,
wie es kein Lied zu sagen gewußt —
   der Sang aus der Tiefe.

Das erdengeplagte menschliche Herz,
es sehnt sich vom Himmel doch erdenwärts
   nach dem Atem der Leiber.

Es hält doch kein Flitter, kein heuchelnder Tand
bei Flamme der nackten Menschlichkeit Stand,
   die da brennt nach der Liebe.

Die Erde ruht in den Armen der Nacht,
die Erde, die morgens gestärkt erwacht
   an den Küssen der Sonne.

An der Sonne küßt sich die Erde heiß;
nur der Mensch, der Mensch von der Liebe nichts
      weiß,
   denn er will seine Tränen.

Der Mensch nur stiehlt sich sein eigenes Glück
und glaubt, er gäb es dem Gotte zurück,
  seinem Gotte — dem Wahne.

Ein Sang den Göttern.

Aus goldenen Bechern trinken die Götter
    die Tränen der Menschen
und genießen ihres Daseins
in blindem, stummem Behagen
Sie nagen mit ehernen Zähnen
an unseren müden Herzen
und lassen uns sprechen:
    Abba, lieber Vater!
Sie liegen auf prunkenden Tronen,
auf dem Polster unserer Angste,
und sammeln die Haare auf unsern Häuptern,
um sich Kränze zu winden.
Sie pflücken die Rosen unsrer Wangen,
um sich heiter zu schminken
Mit klingenden Sohlen schreiten sie
über die schönen weichen Leiber
der Jünglinge und Jungfrauen
und lauschen dem Wehgesang
der Greisen und Kranken.
Wie sind sie so groß, so erhaben,
so reich, so mächtig -- die Götter!
    Und wir, ach, so arm!

Aus goldenen Bechern trinken die Götter
die Tränen der Menschen
und schmücken sich mit den Spangen
menschlicher Thorheit und Knechtschaft.

Prometheisch.

Ich liege geschmiedet
an den Fels meiner Qualen
und trotze dem Drohen,
dem prahlenden Zorne Gottes,
dem Wahnbild der Wüste.

— — —

Ich liebe die Menschen,
und ihnen entzünd ich die Flamme,
die Flamme des Tages,
die Flamme der Freude,
die Flamme, welche die Sünde verzehrt.
Sie aber verfolgen mich darob
und hassen mich darob,
die blinden Kinder der Menschen;
sie schießen mit giftigen Pfeilen
nach meinem Herzen,
um ihrem Gotte zu dienen.
Ich aber trotze dem Wahne
und lache seiner in Fesseln,
ob alle Donner rollen
und ob die Felsen zittern,

denn er wird kommen der Tag,
der Tag, da Er niederstürzt
von seinem goldenen Stuhl
in den Abgrund der Götter,
wo sie alle schlummern,
die angstgeschaffenen Götzen
    vergangner Geschlechter,
menschlicher Torheit und Schwäche.
— Ich liebe die Menschen
Sie gleichen den bunten Blumen,
die duften und schön sind — —
    oder giftigen Kräutern . . .
Den Gott aber hasse ich
und seine brechenden Tafeln,
der die Sinne der Menschen
verdorren, verschmachten läßt,
weil er das Blut ihrer Herzen
in rauchenden Strömen trinkt.
Und ich trotze dem Gotte,
denn er kann mich nicht töten,
er kann mich nicht tilgen
aus der Zahl seiner Feinde,
die des Menschen, des Menschen Glück
hoch über die stummen Götter setzen.
Und meine Gedanken nagen
an den Säulen seines Tempels.
Ob ich gefesselt bin,
er fürchtet und fürchtet mich doch,
und nach mir spähen die Häscher
    des kraftlosen Gottes.

Ich lache — lache ihrer,
  an den Fels geschmiedet,
denn der Tag wird kommen,
der Tag des Menschen,
der in Schmerzen und Freuden
in die Arme der Mutter,
seiner Erde zurückkehrt!

Wohin? Wohin?!

Über die Täler und über die Höhen
träume ich weit in die Welt hinaus
    Aber wohin? Wohin?!
Herze, mein Herze, fliegst du nach Haus?

Drüben, ach drüben in blauender Ferne
suchst du dein Glück, deine Welt, deine Lust
    Aber ob dort, ob dort
anders die Freude glüht in der Brust?

Jenseits der Berge sind andere Menschen.
Aber bist du bei ihnen zu Haus?
    Aber du willst, du willst,
willst in die Welt, in die Ferne hinaus!

Endlich möchtest du heimisch werden,
möchtest ein Mensch mit den Menschen sein.

Aber wohin? Wohin?!
Herze, mein Herze, du bleibst noch allein.

An der Kieferhalde.

Ein bläulicher Sonnendunst
auf dem bergigen Walde.
Ich lieg an der Halde
und träume — träume
in glühender Mittagsbrunst.

Die Kiefern duften so heiß,
so betäubend zur Stunde.
Aus tannichtem Grunde
da rauscht und rauscht es,
was niemand zu deuten weiß.

Ein einsamer Vogel singt
an dem Abhang im Laube.
Die Antwort, ich glaube,
der Sehnsucht — Sehnsucht
hier oben im Baume erklingt!

In Periftylion.

(Träumerei.)

Ein kleiner weißer Säulenhof,
darüber des Himmels Bläue,
und in den Palmen flüstert leise,
leise, kaum merklich ein Lüftchen
Des Oleanders rotglühende Blüten
duften am silbergrünlichen Laube,
sie duften so heimlich=berauschend.

— — — —

Es zittert der Sonne warmes Licht
auf dem weißen betenden Knaben,
der seine schlanken Marmorarme
gen Himmel in die Bläue breitet.

— — —

Ich liege im Schatten geborgen
und dehne die kräftefrohen Glieder
in süßer lebensheitrer Sehnsucht.
Da trittst du heraus — ersehnt —
wild, lässig, schön — in den warmen Schatten,
und nahst dich mir. Und lächelnd zucken
dir deine schwellenden roten Lippen,
und hinter dunklen gesenkten Wimpern
da lauert die Liebe — die nackte Liebe . . .

— — — —

Die Erde träumet von ihrem Glück, —
Das Leben freut sich der weisen Thoren,
das Leben, dessen froheste Stunden

die Menschen mit ihrer Weisheit vergiften,
die Menschen — die Menschen, die ach so schön sind,
so wunderschön! und so häßlich — so häßlich!

— — —

Durch deine kurzen dunklen Locken
die Finger gleiten, bald wild, bald lässig —
lässig und wild, wie Leben und Lust.
Verstohlen umbuhlet hier alle Reize
der süße Duft der roten Blüten.

— — —

Es ist so still im Säulenhof ..
Die Liebe nur plaudert mit der Liebe ..

— — — —

Noch immer breitet der betende Knabe
die weißen schlanken Marmorarme
gen Himmel in die tiefe Bläue,
woher die Sonne lichtumflutet
mit warmen Strahlen die Erde segnet.

Ein Sang des Unglücks.

An reicher Tafel sitzen die Satten
    und trinken in vollen Zügen
    des Daseins Lust und Vergnügen,
ich aber — ich muß hungernd ermatten,
    mit Mühen und Kummer bezahlen,
    mit nächtlichen Tränen und Qualen
die müden Stunden meines Lebens.
    Des Morgens grüßt mich der Morgen
    aufs neu mit Plagen und Sorgen,
    mir blühet kein Glück des Strebens!
    Nur immer — immer: vergebens!
Wie die Sträucher und Blumen des Feldes
    in Sonnenschein und in Regen
    sich mühlos hegen und pflegen,
    so die Reichen im Schirm des Geldes.
Sie werfen ihre goldenen Netze
    nach allen glitzernden Sternen,
    nach allen schimmernden Fernen
    und freuen sich ihrer Gesetze.
Ich liege draußen an der Mauer
    in nächtlicher Kühle,
    begrabe täglich in Trauer
die ungestillten, die heißen Gefühle.
Euch soll ich dienen und euren Trieben,
    soll eure goldenen Werte achten,
    die mich verdammen, hier zu schmachten?!
Ich soll euch fördern, soll euch lieben?!

Und sitze hier draußen am Tore des Lebens —
ihr aber trinket in vollen Zügen
an reicher Tafel Lust und Vergnügen!
Und hoffen soll ich — vergebens, vergebens?
und soll im Schweiße verfehlten Strebens
mich fromm belügen?!..

— — — —

Ungeweihte Liebe.

Die andern gedeihn ohne Sorgen,
   gehütet, bewacht —
ich aber liebe verborgen
   in schirmender Nacht.

Die andern prunken wie Rosen
   an ihrem Spalier —
ich aber muß heimlich kosen
   im Felde mit dir.

Mit ihrer Liebe sie immer
   sich brüsten so laut,
die andern — denn ich bin nimmer,
   bin nimmer getraut!

Des Glückes goldener Segen
   die andern umspinnt,
doch mich küßt Sonne und Regen,
   mich zaust auch der Wind.

Die andern wohnen im Rechte, —
    ich habe kein Recht!
Und meine Liebe, — die echte,
    die nennen sie schlecht.

Von meiner Liebe weiß keiner,
    sie hat keinen Schein,
sie kennt ja nur Einer — nur Einer —
    Nur du allein!

Todesgröße.

Wenn große Seelen scheiden,
wird es auf einmal still;
es ist, als wenn die Erde
vom Tode träumen will.

Da wird des Menschen Größe
uns heimlich erst bewußt
und leise wachsen Flügel
dem Weh in unsrer Brust.

So will's das Leben . . .

Menschen kommen und gehen . . .
Wer mag uns ganz verstehen?
Niemand, ach niemand!

Ob auch die Zeiten wandeln,
dunkel bleibt unſer Handeln,
   unſer verborgnes.

Grad in des Spiegels Reine
ſpiegelt ſich alles Gemeine
   ſehenden Augen.

Aller Sterne Gefunkel
leuchtet allein in dem Dunkel,
   einſam im Finſtern.

— — —

Steuern wir weiter durchs Leben
jeder, wie ihm gegeben
   leidige Schickung!

Thorheit des Lebens, du hehre,
einſt mir als Glück noch beſchere
   heiteres Sterben!

Von dieſer Welt.

Wie ſind der Menſchen Gedanken
ſo geiſtig, ſo nichtig, ſo leer!
Und dieſes einſame Kranken!
Die Luft von Gebeten ſchwer!

Die Leiber blühen, verblühen
und kaum unſer Herz davon weiß.

Es ist wie ein müdes Verglühen,
als stürbe der Menschheit Greis.

Macht auf alle Türen und Fenster!
Es scheine die Sonne herein!
Hinaus, ihr fahlen Gespenster!
Wir wollen Menschen sein.

Was sollen uns zaubernde Säfte,
betäubender Weihrauchduft?!
Wir freuen uns eigener Kräfte,
wir freuen uns irdischer Luft.

Und bauen wir ferner Altäre,
so sollen es menschliche sein:
dem Menschen, der königlich wäre —
dem Gotte des Lebens allein!

Die Wolken und das Herz.

Mit euch, ihr goldgen Wolken, eilet
mein Herz ob dieser Erde hin,
mein Herz, das in der Fremde weilet —
nach euren Bahnen sieht mein Sinn!

Ihr dunklen Wolken, die ihr jaget,
o nehmt den müden Wandrer mit!
Mein Herz, das oft in Stürmen zaget,
es hält mit euch nun gleichen Schritt.

4*

Mit euch, mit euch, ihr Wolken, ziehet
mein Herz den weiten Fernen nach —
mein Herz, das seine Träume fliehet,
es will mit euch den Träumen nach! .

Unglück harrt vor dem Tore.

Unter Jubel und Freuden
wachsen unsere Leiden,
wachsen Schmerzen und Sorgen
  unkrautgeborgen.

Selbst muß jeder sich tragen,
mag er Welten durchjagen
Kamst du einmal ins Leben —
  dulde dich eben!

Hoffe nie von den andern,
daß sie teilen dein Wandern;
mußt dich eben bescheiden,
  selbsteigen leiden.

Unglück harrt vor dem Tore
stets mit lauschendem Ohre.
Opfer auch in den Freuden
  schlummernden Leiden!

Unsere Hoffnungen.

Eitel sind unsere Hoffnungen — alle,
falsche Leuchten am winkenden Turm
    unseres Meeres,
und an den Felsen des Schicksals zu Falle
    bringt uns der heftige Sturm!

Auch nicht die Götter mögen uns retten,
sie, die die Hoffnung uns selbst ersand,
    himmlisch umgaukelnd.
Müde — gefangen in eigenen Ketten
    suchen wir glücklichen Strand.

Immer lockt aus verborgenen Tiefen,
immer derselbe heiße Gesang
    unserer Täuschung!
Hoffnungen, die erträumend schliefen,
    wachsen in schmerzlichem Drang.

Das hohe Lied.

Traute, heilige, stille Macht,
milde Flamme, im Busen entfacht,
die du in unseren Herzen waltest,
    Leben um Leben gestaltest,
      üppig entfaltest —
dir sei jegliches Opfer gebracht!

Klärenden Schickſals gärende Kraft,
deren Geſtürme die Müden entrafft,
die du in Wipfeln und Kronen rauſcheſt,
   Tote für Lebende tauſcheſt,
     Ringenden lauſcheſt —
dein iſt das Leben, das uns erſchafft!

Dein iſt des Lebens wachſende Spur!
Dein iſt des Todes reichliche Flur!
Dein iſt des Menſchen blindes Beſtreben,
   goldene Früchte zu geben,
     ſich zu erheben —
heimliche, ewigjunge Natur!

Traute Macht du, in deren Bann
heimiſch die Erde, ich bete dich an!
Scheinſt du der ſterbenden Hand zu ent=
        gleiten,
   fühl ich dich dennoch bereiten
     andere Zeiten,
daß ich dich ewig ſpüren kann.

Meine Heilige.

O Mutter, liebe Mutter,
du meiner Jugend Stern,
ob man dich längſt begraben,
du biſt mir nimmer fern.

Ich denke dein — und glaube,
ja, glaub an Heil'ge noch,
obwohl ich abgeschüttelt
der Götter Trug und Joch.

In deinem frommen Sterben
erstarb auch mir der Wahn . . .
Mich führten alte Leiden
auf eine neue Bahn.

Ein Lächeln noch in Schmerzen
ist unsre Heiligkeit,
ein Lächeln leis im Tode
das schönste Sterbekleid

Mit tränenfrohen Augen
ertrugst du dein Geschick.
Noch schau ich deinen letzten,
den abschiedreichen Blick

Meines Vaters Tod.

Im Schneesturm gleitet durch tote Felder
das flüchtige eisenbesohlte Gespann.
Dahinten liegen die schweigenden Wälder.
Wohin? Wohin, du alter Mann?

Den Kranken zu Liebe, den Seinen zu Liebe
fuhr er in später Stunde durchs Land.

Nun heimwärts! heimwärts! Dem edelsten Triebe
hält dennoch das Schicksal, das feindliche, Stand.

Nun heimwärts! heimwärts! Den Alten erfassen
auf einmal die Ängste — ein heftiger Schmerz.
Nun ist der Helfer krank und verlassen,
nun krampft sich des Greisen jugendlich Herz.

Er greift aus dem Pelzwerk mit zuckenden Händen,
er greift in den grauen eisigen Bart.
Und will sie denn nimmer, nimmermehr enden
die winterlich einsame, nächtliche Fahrt?!

Will alles Blut denn zum Herzen dringen?
Er lockert die Hüllen. Wie frostig es weht!
Es hämmert und hämmert, als wollt es zer=
                    springen.
Er faltet die Hände zu stillem Gebet.

„Mein Gott, dem ich diente dies ganze Leben,
mein Glaube, mein Heiland, du Hoheit des HErrn,
in Ewigkeit sei Dir die Ehre gegeben!
Erbarme Dich mein! Das Heim ist nicht fern.

„Die Söhne sind weit. Die Tochter nur schauet
allein nach der Heimkehr des Vaters aus.
Mein Gott, ich habe auf Dich gebauet —
o führe mich, führe mich lebend nach Haus!!"

Noch einmal verzweifelt gelockert die Decken!
Er neigt sich zur Seite. Er stürzt auf das Feld.
Den Kutscher erfaßt es mit Grausen und Schrecken,
so daß er die flüchtigen Rosse nicht hält.

In weiter Ferne die Glocken verhallen . . .
Die Hülfe verläßt ihn, — nun ist es aus.
So muß er sterben verlassen von allen,
die halbe Stunde entfernt von Haus?!

Das brechende Auge schweift noch hinüber —
da leuchtet im Schnee ein rötlicher Schein . . .
Noch einmal flammt ihm sein Leben vorüber,
noch einmal — dann muß es vorüber sein.

— — —

Ihm schloß sich der Mund im Stürmen und
Stümen,
der Nachtwind zaust in dem grauen Bart.
Ihn hörte kein Gott, den die Menschen rühmen
Verdorben — gestorben auf mühsamer Fahrt.

Im Dom dieser Erde.

In des heiligen Buchendomes Hallen
meine heißen Gedanken träumend wallen.
Da will auch die Sonne verstohlen träumen
in kühlen säulengetragnen Räumen.

Weithin das Meer in stillem Verlangen,
in bläulichem Dunste, sonnenumfangen . .
Und die Sonne lauscht und die Fluten lauschen:
im Gespensterwalde die Buchen rauschen.

Auf dem Flügelrade.

Duftend rascheln die fauligen Blätter,
früh verwelkt von den Meeresstürmen,
unter dem lautlos gleitenden Rade,
    rascheln und plaudern.

Flimmernd tanzen die Buchenstämme,
früh verrenkt von den Meeresstürmen,
an den Wegen des Parkes vorüber,
    tanzen und flüstern.

Rauschend wälzt sich der grünliche Riese
mit dem lilaschimmernden Rücken,
weißen Gischt an das Ufer speiend,
    grollet und rauschet.

Helle Stimmen! Zwei nackte Knaben
spielen lachend im Gischt des Riesen.
Heiter gleit ich beschwingten Rades
    über die Erde.

Hochheilige Lilie.

Hochheilige Lilie, gebenedeite,
du prunkest vor allen mit deinen Sinnen,
du Engelsblume, du keuschheitgeweihte,
errötest doch nimmer am Wege zu minnen.

Aus deiner Unschuld weißem Kleide
streckst du der Liebe lüsterne Zeichen,
du frommer Herzen Augenweide,
du, heilige Blume ohne gleichen!

Soviel . . .

Soviel Blumen verblühen,
die doch keinen entzückt,
soviel Herzen verglühen,
denen nimmer nichts glückt

Soviel Sterne vergehen,
die niemand nicht kennt,
soviel Schmerzen erstehen,
die niemand nicht nennt.

Soviel Sand an den Meeren,
soviel Leid in der Welt —
soviel Ketten zu ehren,
soviel Kummer gesellt.

Das Lied von diesem Sterne.

Das sind die späten lila Schatten,
die grauen Stämme, fahlen Matten,
Das ist das herbstlich traute Stürmen,
wo feuchter Duft den Hain durchzieht,
wo sich die braunen Blätter türmen . . .
    Ich kenn dies Lied.

Das sind die späten Sonnenstrahlen,
die gelb und rot im Laube malen.
Im Felde weit die Krähen krächzen.
Ein Wasservogel knarrt im Ried
Was soll das bange Todesächzen?!
    Ich kenn dies Lied

Ich kenn dies Lied, das alle Jahre
aufs neu ertönt an bunter Bahre.
Das ist der Frühling, welcher eben
durch diese welken Haine zieht —
es ist der Frühling, ist das Leben!
    Ich kenn dies Lied.

Auf der Sonnenstraße.

Mein Herz begehrt die Sonne;
die Sonne geht so weit,
viel tausend ferne Meilen
in blauender Ewigkeit.

Es wogt eine goldene Straße
des Abends auf stählernem Meer,
auf ihren zitternden Stufen
da wandle ich hin und her.

Da wandle ich auf und nieder
bis an das Abendrot —
da geht die Sonne schlafen,
die See wird still und tot.

Flatterndes Glück.

In dieser Sonnenlichtung
ein verspäteter Falter,
    wie eine verlorene Dichtung
aus der Zeiten Alter.

    Ein Gruß aus glücklichen Tagen,
wie ein Auferstehen —
    ein Glück, vom Winde getragen,
das die Winde verwehen

Ein Schimmer aus üppigen Stunden
der erschauernden Kraft —
 verloren und wiedergefunden
und auch wieder entrafft! . .

Der einsame König.
(Ein Lied des Hofnarren.)

Es war mal ein einsamer König,
der König war jung und schön,
doch freute das Glück ihn wenig
auf seinen einsamen Höhn.

Er freite um eine Prinzessin,
darob war Freude im Land,
bis er die holde Prinzessin
einem andern zu willen fand.

Da ließ sich der König bauen
ein Schloß an einsamem Ort
und zog vor den Blicken der Frauen
in seine Wildnisse fort.

Die Herren vom Hofe harrten
verdrießlich oft vor dem Thor;
der König ließ sie warten
und ließ sie verdrießlich vor.

Sie sprachen vom Nutzen des Landes,
von Dero erhabenem Haus,

sie sprachen von Pflichten des Standes
Der König lachte sie aus.

Da spähten nach einer Buhle
die Priester im Lande umher,
damit sie in ihrer Schule
ihn lenkten nach frommer Begehr.

Der König heilte die Wunden
in stiller Freundschaft und Lust;
er hatte die Liebe gefunden
in treuer männlicher Brust.

Da drohten die frommen Herren.
Er hörte sich kränken und schmähn,
sein Bild vor dem Volke verzerren
ob solcher arger Vergehn.

Sie haben den Liebsten vertrieben
hinaus in die fremde Welt,
sie haben vergiftet sein Lieben
und falsche Freunde bestellt.

Sie haben den König verraten,
sie haben den König gehetzt,
sie haben zu Meuchelthaten
die Dolche frömmelnd gewetzt

— — —

Es war mal ein einsamer König,
der König war reich an Weh,

ihn freute sein Leben wenig
bis in den Tod — in der See.

Aus den Tiefen.

Wie Haie des Meeres lauern
in unseren tiefsten Schauern
   die Leidenschaften,
  sie lauern und jagen,
vom wogenden Blute getragen,
  um uns zu verschlingen
und um uns Opfer abzuringen.

Weh denen, die ihrer nicht achten,
die in den Tiefen schmachten,
   der schnellen Haie!
  Sie können nicht sterben,
allein mit uns verderben . . .
  Sie jagen und lauern
in unsren tiefsten Herzensschauern!

Der Baum meines Lebens.

In windburchrauschter Heide
der Baum meines Lebens steht,
er biegt sich in Sturm und Leide,
geschüttelt, gezaust, durchweht.

Im grollenden Sturme werden
ihm goldene Blätter entrafft,
er aber saugt aus der Erden
des Lebens quellenden Saft.

Er streckt seine blühende Krone
in das entgötterte Blau
und hält mit lächelndem Hohne
weit über den Zeiten Schau.

Er hat mit den Stürmen gesprochen:
sein Herz ist jung und stark,
ist nimmer, nimmer gebrochen
bis in das innerste Mark.

Das Leben ein Spiel.

Wie silberne Fische gleiten
die Wolken droben im weiten;
ihr Wandern ist ohne Ziel,
und blind ist ihr Streben,
gestaltend ihr Leben,
ein grundloses Spiel.

Der Sturmgott greift in die Wogen
und spielt mit jauchzendem Bogen
sein unergründliches Lied;
   und lachend zerschellen
   die Köpfe der Wellen,
   wohin er sie zieht.

Auch mir entfesselt im Herzen
sich aller Freuden und Schmerzen
erlösender Festgesang!
   Da regt seine Schwingen
   zu buntem Vollbringen
   der lenzende Drang!

Kommende Zeiten.

Der Tag bricht an — der Tag der Liebe,
da sich das Herz zum Herzen findet,
die Macht der Finsternis entschwindet —
und kommt er, daß er ewig bliebe!
Der Winter unsrer Welt zerstiebe!
Fluch aller stillen Lüsternheit!
   Sie kommt, die neue Zeit!

Er breitet aus die Flügelhelle,
der Lebenslenz, der heitre Knabe,
der lächelnd steigt aus seinem Grabe.
Sie stürzt noch ein, die düstre Zelle
und eine neue Sintflutwelle

spült fort den Trug der Heiligkeit!
　　Sie kommt, die neue Zeit!

Aus engem Haus, dem tagesscheuen,
entflieht der Menschheit schöner Falter!
Die Jugend siegt, es stirbt das Alter.
Die Schönheit darf sich ihrer freuen,
die Kraft braucht nicht die Kraft zu reuen.
Ihr Feinde, Bahn der Menschlichkeit!
　　Sie kommt, die neue Zeit!

Und sinkt die schamerlogne Hülle,
daß wir mit nackten Armen fassen,
wovon wir nicht in Träumen lassen,
dann waltet frei in bunter Fülle
der menscherlöste tiefe Wille.
Es kommt der Tag, der uns befreit —
　　sie kommt, die neue Zeit!

Es ist der Mensch.

(10. September 1898.)　　Kaiserin Elisabeth †.

Des Menschen Herz will niemand kennen,
wie eines bösen Eilands Küste;
es scheint ein Kerkerhaus der Lüste;
gleich Menschheit will sich jeder nennen . .
Und sieh, wie plötzlich da entbrennen
die Flammen in der engen Zelle!
Und es wird Helle — Helle — Helle! . . .

Wir sind die Rätsel dieser Erden
und nicht die fern umeisten Pole,
nicht Abenteuern dient dem Wohle.
Und soll dem Menschen Hülfe werden,
erforscht das Herz und die Beschwerden!
Schafft Licht und Luft und Heiterkeit
und schafft dem Menschen seine Zeit!

Des Mörders That macht euch erbeben
Nach Ketten ruft es, ruft nach Rache.
Es wacht kein Gott! Drum auf der Wache!
Der Tod begrenzt des Freolers Streben.
Allein gebt Acht! Der Mensch will leben.
Der einzelne wird allen Feind,
wenn ihn mit allen nichts vereint.

— — —

Ein edles Herz traf der Verruchte,
ein edles Herz, das mitempfunden —
so blind sind des Geschickes Stunden.
Weh dem, der diese That versuchte!
Den Tod verdient der Menschverfluchte.
Doch gebt auf alle Leiden Acht!
Im Menschen schlummert eine Macht!

Hochzeitlich.

Mein Herz ist wie der dunkle Teich
in waldesstiller Ferne,
darinnen schimmern sinnenreich
deiner Augen Sterne.

Sie leuchten auf den tiefsten Grund
in meinem Heiligtume —
da öffnet sich zum Liebesbund
meine Lebensblume.

In ihren Kelch der Sehnsucht sprüht
mir deiner Sterne Flammen,
da schließt die Blüte luftdurchglüht,
träumend sich zusammen.

Der Lieblingsjünger.

Es war am See Genezareth . . .
Zwei junge Männer warfen Netze
nach Fischen aus.
Im blonden Haar des einen Jünglings
verfing die müde Sonne sich.

— — — —

Und Jesus Christus ging vorüber.

— — — —

„Willst du mir folgen, Freund Jakobus?

Und du — Johannes?"
Der Jüngling warf den weißen Mantel
um seine lichtgebräunten Glieder —
sah ihn begeistert an und — folgte. . .

*   *   *

„Man führt dich einst, wohin du nicht willst."
So kündete Er Simons böses Ende.
Und Simon deutet auf den schönen Jüngling,
   der Jesus an der Brust gelegen,
   das Pochen seines Herzens fühlte:
„Herr, Herr, was wird aus diesem?" —
„Und wenn ich wollte, daß er ewig lebte,
was geht es dich an, Simon Petrus?!"
Und damit wandte sich der Heiland,
   gefolgt von seinem Lieblingsjünger.
Und zu den andern sagte Simon:
„Uns ist er Freund, doch jenen liebt Er."

Vor der Trennung.

Durch die großen Fenster des lauschigen Erkers,
des traulich einsamen Liebeskerkers,
die dunkelnden Schatten des Abends wallen.
Nur spärliche Schritte draußen verhallen . . .
Wir sitzen im Dunkel des Goldblattbaumes
wie im Lande der Märchen — des Traumes . . .
auf weichem, wärmendem Bärenfelle,
und du in meinem Schoß. — Die Welle
des Lebens durchflutet leise die Glieder
und flutet zum Herzen — auf und nieder.
Wie deine Arme den Nacken umfangen!
Welch mutwillig zartes Verlangen!
Ich spüre den Flaum, den Hauch deiner Wangen,
des Kusses leichtes Vorüberstreifen.
Da muß ich dich herzlich fühlen und greifen,
den schlanken Leib in die Arme schließen
und muß dich küssen — küssend genießen.
Ich lieb dich, mein Liebling, Gott weiß wie herzlich,
ich liebe dich glücklich und liebe dich schmerzlich!
Und liebst auch du mich? Und wirst du mich lieben,
ein wenig noch, wenn wir getrennt geblieben,
uns bloß geschrieben? . . .
„Ein wenig? Ganz furchtbar!" Du sagst es nur leise,
und dennoch erklingt es wie jubelnde Weise
im Düstern hier. Schon lugen die Straßenlichter
von draußen herein, auf unsre Gesichter.

Ja schaut nur herzu, ihr neidischen Flammen,
es führt uns das Schicksal dennoch zusammen!
Sie leuchten ins Haar dir, in deine Züge,
die schönen, und finden da — keine Lüge.
Ich lieb deinen Mund, der die Wahrheit plaudert.
Ich lieb deinen Blick, der so schelmisch zaudert.
Ich lieb dein gesundes, dein neckisches Wesen,
an dem alle trüben Geister genesen.
Ich lieb dein natürliches kindliches Lachen,
dein zartes — ungestümes Entfachen.
Du wirst noch größer, noch schöner werden,
und dann — so es will das Glück dieser Erden —
dann kommst du mit mir ... Wir wollen dann gehen
in freier Natur, die Welt uns besehen.
Und wo's uns gefällt, da wollen wir säumen —
An einem See, wo die Wogen schäumen ...
Gewiß — es ist kein Träumen ...

Das Spiel der Wellen.
Am Lido.

Hör ichs nicht lüstern
rauschen und flüstern?
Nach uns greifet mit weichen Armen,
will an den nackenden Leibern erwarmen
Adrias Flut —
Meeresglut.

Auf und nieder
tauchen die Glieder
nackt und in schimmernder lichter Hülle.
Heiter giebt sich des Lebens Fülle
wogender Lust
unbewußt

Lachend umstreicheln,
küssend umschmeicheln
spielende Wellen viel durstige Leiber . . .
Weiblein und Männer, Männlein und Weiber,
freiende Brunst —
Lebensgunst.

Unsere Rätsel.

(Auf den Bergen von Cava.)

Es giebt der Tränen auf Erden
    soviel — soviel!
Und dennoch des Glückes Spiel,
und will es kein Ende werden.

Wie sind die Berge voll Sonne,
    die Täler in Nacht!
Da zittert im Grün und lacht
die kurze — ew'ge Wonne.

Es rauscht im Wipfel da droben
    so stolz, so bang . . .
ein Fürchten, ein froher Sang,
Ein Klagen luftdurchwoben.

Die Glocken läuten von ferne
    Zu Freud und Leid . . .
Es klingt mir so nah, so weit:
Das Lied von diesem Sterne.

Gebannt in Träumen zu liegen,
    Wie schön, wie weh!
Ein Sonnengefunkel im Schnee . . .
Der Frühling kommt — das Siegen!!

Siciliano.

(Eine lyrische Skizze.)

Wo sonnendurchglüht, vom Winde gefächelt,
des blauen bergumhegten Golfes,
die stolzen Fächerpalmen
und immergrünen Eichen stehen,
am plätschernden Brunnen der Villa,
da trafen wir uns . . .
Die Menge wogte hin und wieder
in der Erwartung bunter Klänge,
in feiertäglich schwarzem Prangen.
Du gingst zur Seite, vor mir, zögernd —
und unsere Blicke suchten — suchten . . .
und fanden sich —
Sie fanden sich immer wieder.
Im Wasser schwammen die bunten Enten . .
wir sahen uns tief in die Augen . . .
und du begannst zu plaudern . . .
Ein Fremdling du, ein Fremdling ich,
aus meerbespülter Heimat beide —
Von des Nordens steiler Küste ich
und du aus dem gelben wilden Gebirge
des sonnigen Eilands der Göttin Ceres.

— — — —

Und wir sind beide heim gewandelt . . .

— — — —

An der heiligen Stätte
Pompejis toterweckter Tage,
wo einer alten schönen Welt Ruinen
des Daseins Freuden predigen
mit bunten halberloschnen Farben,
in stiller Abendfeier,
da lernte ich die Schönheit kennen,
die Schönheit deines Lebens . . .
Da wand ich eine duftige Blüte
in meinen grünen dunklen Kranz
der schweigsamen Cypressen . .

In deinen Adern, sizilischer Jüngling,
verlor sich ein Tropfen griechischen Blutes, .
aber dein Herz — dein Herz
beflügelt kein heiliger Eros! . .

— — —

Santa Lucia.

Ein Jüngling saß am Gestade
und sonnte den nackten Leib.
Zwei Damen gingen gerade
vorbei zum Zeitvertreib.

Sie fanden heute das Wasser
erstaunlich schön und blau.
Mir schien es gerade nicht blasser,
nun eben blau und nicht grau.

Wie sprachen die Frauenzimmer
so schön von der schönen Natur;
ich glaube, sie sagten noch immer
ein Wen'ges von allem nur.

Sie schauten in Meereswonne
den nackten Jüngling an;
er aber saß in der Sonne
und kehrte sich gar nicht daran.

Pompejanische Elegie.

Einsam träumt in der Sonne der kleine, um=
mauerte Ringplatz,
Nicht mehr umschattet vom Gang, stehen die
Säulen darin.

— — — —

Einsam ist alles, und dennoch lebendig — lebendig,
wie ehmals
Wird es umher . . . es dringt leicht wie
ein Jubel zu mir.
Fröhliche Stimmen der Jugend durchhallen die
warme Palästra . . .
wieder still wie zuvor lauscht es gespannt
nun umher.
Huschen nicht schöne Gestalten mit bloßen ge=
schmeidigen Gliedern
dort an der Wand vorbei, die ein Gemälde
verziert?
durch die offene Mitte des säulenumstandenen
Hofes
flutet das Licht herein — ja, und in sonniger
Glut
ringen dort zwei, die schimmernden Glieder im
Kampfe umschlungen.
Mit der Kehle des Knies hat er den Schenkel
umfaßt,

Jener, im dunkelen Haar, doch dieser umschlingt
ihm den Nacken,
mit der Rechten den Leib. Halb nur den
Boden berührt
Jener, mit einem der Füße erprobend die Kraft
seiner Schönheit,
hält ihn im Rücken fest, wo er zur Lende
geschwellt.
Dort an der griechischen Säule da lehnt ein
blühender Jüngling,
in dem bräunlichen Haar schimmert ein
bläuliches Band:
Wie in dem frohen Besitze des künftigen Sieges
sich träumend,
schaut er dem Kampfe zu, lässig und dennoch
gespannt.
Halb im Schatten des Umgangs ergehn wir Andre
uns, schauend,
prüfend ein jeder lernt, wie die Gewandtheit
sich übt,
und um Gesundheit des Leibes bemüht sich eifernd
ein Jeder,
muß er doch nackend den Leib zeigen der
prüfenden Schau.
Spielend übt sich die Kraft dem Kampfe geweiheter
Jugend,
spielend übt sich der Mut ohne den roheren
Sinn.

Vor dem Bild des Orestes und Pylades, welche
in Tauris
stehn vor Thoas' Gericht, plaudern wir drei
oder vier.
Scherzend sagt Hyazinthus: „Ihr habt vom
megarischen Feste
nimmer gehört, welches dort Jünglinge jähr=
lich begehn? . . .
Ja. Und im Frühling Diokleis zu Ehren, dem
großen Athener.
Denkt euch: den Preis erhält, welcher am
süßesten küßt!"
„Ei, das wär was für dich!" Wir lachen. „Ich
wünschte, Metellus
wäre Richter alsdann. Oh — und Der
schätzt meinen Kuß!"
Plötzlich ein Lachen und Rufen. Wahrhaftig der
Kampf ist entschieden.
Lucius hat gesiegt, Lucius! Gebt ihm den
Kranz!
Lucius lächelt sehr stolz und wischt sich die dunkelen
Locken.
Rot und hurtig erhebt Nisus sich da von
dem Sand,
eilt in das kleine Gemach, wo Wasser und Salben
sich finden,
putzt sich den Staub vom Leib flink und das
graublonde Haar.

Sah ich's doch, während sich alle mit Lucius
drängen zum Altar,
welcher dem Hermes geweiht mitten im
Sonnenlicht stand.
Eilig springt der hinauf die kleinen steinernen
Stufen,
und er setzt seinen Kranz Hermes, dem Gotte,
aufs Haupt;
Lachend prangt er dort oben zu Häupten des mar=
mornen Bildes,
selber ein üppiges Bild, Schönheit verschwen=
dend und Lust.
Trifft sein Blick da den Nisus im Schatten des
Salbengemaches?
Plötzlich steigt er herab. Nisus, der wendet
sich scheu.
Lucius eilt auf ihn zu, umfaßt ihn fest an der
Schulter,
zieht ihn mit hastigem Ruck just in den
sonnigen Raum,
wendet den Kopf zu sich und küßt ihn im Nu
auf die Lippen.
Nisus ward überrascht, tiefer errötet er noch.
„Schau, es freut sich der Gott, den du auch balde
beschenkest!
Freunde laß uns nun sein!" Beifall um=
jubelt sie da. . .

„Junger Herr, eine Zigarette . . .“   Mit lächeln-
den Augen

bittet so warm der Schelm, der mich den
Träumen entriß.

Tief durchforsch ich sein Auge, mein Blick durch-
wühlt seine Züge,

gleitet vom lockigen Haupt bis zu den Zehen
hinab.

Schlotternd verhüllt seinen Leib die schmutzige,
ärmliche Kleidung

und auf den Schultern ruht lastend ein Korb
für den Schutt.

Doch er bittet so hübsch.   Die Stimme, das
Lächeln, die Blicke   .

dünken allein mich bekannt.   „Aber ich habe
ja nichts “

Habe ja nichts, als dies Herz, das lebt und schafft
in Ruinen.

Beide tragen wir Schutt, graben das Leben
wir aus.

Traurig gehst du, im Vorwurf gehst du, so
zögernd von hinnen.

Ach, so enteilt mir das Glück heute, das
fern ich gesucht!

Habe mich aufgerafft und folgte dir nach auf das
Forum

Triangulare nach links, ging an den Säulen
entlang

Drüben die blauenden Berge. Der heilige Tempel
Poseidons
rechts verfallen am Platz. Ärmliche Reste!
Du gehst . . .
Gehst und ich folge, ich folge dir nach . . . Da
ziehen vorüber
Männer und Knaben wie du, schmutzig, mit
Körben beschwert;
Aber es blitzen doch manchem die Augen schalk=
haft im Kopfe,
daß mir lebendig wird diese erstorbene Welt
Wieder gefesselt, verlor ich dein Bild, und ein=
einsam, in Träumen
folg ich des Todes Spur, die sich ins Leben
verliert.

Ein Wiedersehn.

(Im Hause des Lucius Cornelius Diadumenus in Pompeji.)

Der Himmel blaut ins rote Gemach herein,
im mosaiknen Estriche sprießt das Grün
und mählich wächst der Sonne Schatten.
Raschelnd die scheuen Lazerten huschen.

Welch Bildnis grüßt mich dort von der Wand
so hold?

Mit weichen Händen hält er die Flöte fest,
die volle Lippe streift die Rohre,
bräunliche Locken sein Haupt umwallen.

Er zieht die dunklen Brauen zur Schläfe hoch,
die großen Augen lächeln mich schelmisch an;
nun lächeln auch geschwellt die Wangen,
senkt sich das Haupt Melodieen folgend.

Es ist so still — ich höre nun wohl dein Spiel,
den leisen, süßen Ton deiner Syrinx — ja . . .
wo kommst du her, mein Knab Olympos?
Lebst du denn? Find ich dich hier auf Erden?!

Die Lippe kräuselt sich und das Auge lacht:'
Er spielt und spielt und redet kein Wort zu mir,
und Röte färbt die braunen Wangen.
Kenn ich dein Lied doch, dein Lied ist ewig . . .

Im Walde (d. 24. Juli).

Ich hatt einen Schatz verloren
und suchte und fand ihn nicht.
Da hab ich mich arg verschworen:
Zum Unglück bist du geboren,
das einzig Dornen dir flicht!

Und sieh — da mußte ich denken
an dich, wie lieb du mich hast...
Da war es ein plötzliches Lenken;
wie Blicke und Hände sich senken,
da hat ich den Schatz schon gefaßt!

Zwiegespräch mit meinem Herzen.

Sage, Herz, wo warst du heute,
als ich einsam träumend lag,
eines Zaubers leichte Beute?
Und das Herz, das lose, sprach:

„Mit den Sternen deines Knaben
hab ich ja gespielt, gescherzt,
und die Schelmenaugen haben,
haben lächelnd mich geherzt.

„Und der rote Mund, der wahre,
lud mich ungestüm zu Gast,
nach dem duft'gen Wald der Haare
lockte mich die süße Rast;

„In dem Grübchen seiner Wangen
schlief ich endlich sachte ein ..."
Und ich sprach: du bist gefangen,
Herz, mein Herz, und willst es sein!

Ich und die Welt.

Es steht ein weißer Tempel
auf felsigem Eiland im Meer,
   an seinen Stufen
   da branden und rufen
die Fluten in wilder Begehr.

Es brennt eine rote Flamme
im einsamen heiligen Haus —
   die Winde sausen,
   die Stürme brausen
und löschen die Flamme nicht aus.

Ich bin ein Felsen im Meere
des Lebens, der Tempel ist mein —
   da lodert die Lohe,
   die sturmesfrohe
Gewalten umtosen, umschrein.

Nur kein Trauerspiel.

In deinen müden Tagen
verstumme dein Gesang;
die dumpfen schweren Klagen
sind gar zu lebensbang.

Verhülle deine Leiden
in tiefem Schweigen dann
und laß dich still bescheiden
in deines Grames Bann.

Was plagt mit Langerweile
dein Leid die Welt soviel!
Nur Neugier weckt das feile
bezahlte Trauerspiel.

Wenn Sorgen dich erfassen,
so kehr zu dir zurück,
beliebt ist auf den Gassen
allein das laute Glück.

Und will der Tod dich haben,
magst still du mit ihm gehn.
Und bist du erst begraben —
dann magst du auferstehn.

Dem Liebenden.

Wie ist das blühnde Leben
doch nur ein welkes Blatt,
den Stürmen hingegeben,
sofern dein Herze eben
kein Heim der Liebe hat!

Ob ich die Schätze reihte
wie Perlen auf der Schnur —
ein Herz, das alles weihte,
im Unglück um mich freite,
gehört mir einzig nur.

Und säß ich auf dem Trone,
ein König stolz und groß,
und wäre dennoch ohne
ein liebend Herz — die Krone
wär eitle Dornen bloß.

Und böte alle Sterne
mir Gott als Reiche an,
ich wählt sie nicht so gerne
wie dich, von dem ich lerne,
wie treu man lieben kann.

Das Leben ein Traum.

Nahe plätschert der Bronnen
hell im Lichte der Sonnen.
Droben flüstert im Winde
rauschend die schattende Linde.
Waldig und dunstumsponnen
Berge hinter den Bäumen.
Falter gaukeln und säumen.
Alles ein Träumen . . .

Kam ein Mädchen gegangen,
bleiben die Blicke hangen,
schauen uns an und lachen,
will sich verständlich machen —
Ist ein kindlich Verlangen.
Doch was hilft es uns beiden!
können uns eben leiden,
   's heißt aber scheiden!

Alles im Traume von hinnen
und ein halbes Gewinnen;
wenn sich die Knospen erschließen,
ist es ein träumend Genießen
und ein Spielen und Minnen —
Spielen mit dunkelen Zielen . . .
Alle die Vielen, Vielen
   träumen und spielen.

Im Heim der Liebe.

Der mich liebt und Den ich liebe,
beide, beide sind sie mein!
Und ich möcht gestorben sein,
   wenn ich einsam bliebe!

Bald von treuer Huld getragen,
fühl ich mich in Ruh gewiegt,

bald von zarter Glut besiegt,
    alles selbst zu wagen

Alle Kräfte sich verschlingen
so zu festem Lebensband:
Liebe hält den Stürmen stand,
    fördert das Gelingen.

Der mich liebt und Den ich liebe,
Den ich lieb und Der mich liebt:
Jeder auch empfangend giebt
    Liebe hin um Liebe.

Im Kurpark.

Träumend geh ich des Wegs am Morgen im ein-
    samen Kurpark,
    in der Platanenallee, welche mich lauschig
        umwölbt,
folge den Lichtern, die sacht auf schattigem Kies
        sich bewegen;
    leise hebt sich der Blick — wild wird das
        Herz da belebt . . .
Siehe, welch reizendes Bild verweilt da am bunten
        Kioske!
    halb eines Knaben Gestalt, dennoch in blühen-
        der Kraft

reifender Jünglingsſchöne, im weißen Kleide des
Sommers,
welches den ſchwellenden Leib enge und luftig
umſchmiegt.
während der Wind, der loſe, die nackenden Kniee
umſchmeichelt.
Ach, wie beneiden den Hauch alle die Blüten
umher,
neigen die Häupter wie trunken vor Schönheit
zum Gruße — zum Kuſſe.
Stehen bleibe auch ich an dem Kioske bei ihm.
Weiter wandelt mein Bild . . . Wie leicht ſich die
Glieder bewegen!
Göttin der Anmut belebt reizend dies wech=
ſelnde Spiel.
Plötzlich erſcheint von der Seite ein Jüngling von
reiferen Jahren —
lachend wendet er da ſeitwärts ſein Haupt,
und er geht.
Einmal nur ſchau ich die Augen, die feinen
trutzigen Züge . . .
Arm in Arm mit dem Freund, geht er nun
plaudernd davon.
Alſo entſchwindet mein Bild, ich ſuche dasſelbe
vergebens,
und die Platanenallee ward mir auf einmal
zu ſtill.

Ein Oktobertraum.

Drunten in den blauen Schleiern
der Campagna stilles Feiern,
sonnentrunken,
Rom ist tief im Dunst versunken.
Dunkle blaue Abendferne
Und ein Leuchten Stern bei Sterne
durch des Fensters hohen Bogen,
leis gezogen
kommen warme Nachtgedanken
mir ins Herz mit süßem Schwanken.
Unten in dem Laub, im Stillen,
zirpt das Liebeslied der Grillen...
Müde Ruhe — heißes Schwirren,
in das Land des Schlafes irren.
Meine Träume...
Träume — Schäume —
Traute Räume...
Fremder, bekannter,
unverwandter
greift es mit warmen
langenden Armen,
doch sie entfliehen,
mächtiger ziehen
andre Gewalten,
die sich gestalten,
reden im Schweigen
lieb und eigen...

Meines Lagers weiße Linnen
deck ich auf und es gewinnen
meine Pulse wildes Leben,
fühl ein wonnevolles Beben:
Alles Lebens reiche Fülle
offenbart die eine Hülle!
Menschenschöne!
Deine Schönheit alles kröne!
Deiner Glieder zartes Prangen
und ihr zärtliches Verlangen
meinen stillen Gärten leuchte!
Jede Blüte, die sich beugte
dürstend, wird von deinen Küssen
stolzer sich erheben müssen
Stolzer in des Himmels Bläue
wächst die Treue.
Herzlich und mit schlichten Worten
öffnest du mir deine Pforten,
und des Daseins süße Wonnen
spendet mir dein Liebesbronnen,
und im Nehmen und Gewähren
ist es wie ein Neugebären;
nah geeint sich doppelt weiten
unsre — unsre Menschlichkeiten. . .

— — — —

Ach! entschwunden
bist du mir, im Traum gefunden!
Wieder aus der dunklen Ferne
grüßen mich die hellen Sterne
schweigsam, doch sie grüßen, blinken,

und ich deut ihr schweigsam Winken.
Auf des Traumes leichten Schwingen
wird uns erst ein froh Gelingen.
— Horch! noch tönt der Sang der Grillen
in der Nacht, der sommerstillen.
Nein! nicht alle Träume lügen
und es trügen
nicht die Kräfte, welche schwellen,
wenn wir nächtlich uns gesellen.
Träume unter Sternenklarheit,
werdet Wahrheit! Wahrheit! . . . Wahr=
heit . . .

In unseren herbstlichen Tagen.

Ode.

Wieder ertönt hell der Gesang der Vögel,
aber es kehrt nimmer zurück der Frühling.
Müder Herbst umfängt dich, Rom,
  die Blüten der Jugend verwelken dir.

Thörichtes Herz, hoffst du noch stets auf morgen?
Trauert doch schon ewig umsonst das Denkmal,
welches unserm letzten Gott
  Antinous weihte ein Caesar Roms

Niemand verehrt heute ihn mehr, den Schönen,
sein Obelisk ruht auf dem Stein des Papstes.
Unsres Herbstes stille Macht
  vergoldet mit kaltem Schein die Welt.

Rom, du erwachst heute nicht mehr zur Freude,
Trümmer nur sind, epheuumrankt, dein Leben;
alt wie deine Schätze ist
    Die Jugend, die früh ihrer Jugend baar.

Wo nicht erblüht heitere Lust des Frühlings,
Jünglinge nicht, jung wie im Lenz, sich freuen,
Spiel und Lachen mählich stirbt,
    da wurde es Herbst, ob die Sonn auch scheint.

Erste Liebe.

Verlobt bist du — bist eines andern Braut —
ja, du — wirst einem Fremden angetraut!
Wie kurz ist's her, so hätte diese Kunde
mich heimgesucht mit tiefer — — tiefer Wunde.
Wir waren Kinder. — Ist's so lang denn her?
Ich glaube, Juli war's, in eurem Garten,
wo ich so oft geweilt in stummem Warten,
als mich dein dunkler Blick gefangen nahm,
dein Blick — ich weiß nicht wie — die Liebe kam.
Auf eurem Schlosse war ich oft zu Gast,
war wie daheim. — Wie flog die süße Rast
so schnell dahin! Des Abends stets ein Säumen.
Im Plaudern nährten wir ein kindlich Träumen.
Wir stritten uns und thaten groß, wie oft.
Der Abschied drängte endlich unverhofft:
im Nebenzimmer matter Lampenschein,
dein Vater nickte sanft beim Lesen ein.

Mein Roß stand vor dem Tor. Ich hab die Wege
in stiller Nacht durch waldige Gehege,
durch Dorfesfrieden und durch stille Fluren
so oft gemacht . . Wohin sind jene Spuren? —
Ob alle Träume auch der Wind verweht,
die Liebe stärkt und ihre Kraft besteht.
Weißt du es noch, wie wir im Park gegangen,
wie ich, im Herzen heißes Lustverlangen,
von Königen dir sprach und heil'gen Vätern
und von St. Luthers falschen Stellvertretern?
O süße Narrheit, dientest du Gespenstern!
Des Zimmers mit den gotisch hohen Fenstern,
denkst du noch dessen, da ich dir geraubt
die braune Locke vom umwallten Haupt?
Zur Bühne wolltest du: ich neckt und lachte,
was wohl die Baronesse dabei dachte,
die ihre Ahnen gar so stolz gezählt.
Mein liebes Herz, du hättest dich gequält.
Der kühne Traum, in süßer Zeit gesponnen,
ist vor der Wirklichkeit wie bald zerronnen!
Und sieh, du bleibst in unsern stolzen Kreisen.
Soll ich dich darum nicht vernünftig preisen?
Und weißt du noch? . . . Was frag ich dich so viel!
Erinnerung ist nur ein grausam Spiel.
Ich grolle nicht, daß ich dir früh begegnet.
Ich wünsch, daß alles Glück der Welt dich segnet
Dem ersten, der dich liebte, ihm bewahre
ein leis Erinnern bis zur letzten Bahre.

Ave Maria.

Eine Phantasie des Monte Pincio

Mit diesen fernen Glockenklängen
erwacht ein Lied in meiner Brust,
als ob mir traute Geister sangen
von längst verschollner Lieb und Lust. .
So weil ich am verfallnen Grabe
Der letzten frohen Göttergabe.

Sieh da! Auf einer Totenbahre
Gott Dionysos hingestreckt
mit aufgelöstem goldnen Haare,
von keinem Schleier zugedeckt!
Und seine schönen Marmorzüge
sind wie erstarrt in weher Rüge.

Und tänzelnd tragen ihn Gerippe
in schwarzem, schlotterndem Gewand,
mit Kruzifix und blanker Hippe
in ihrer bloßen Knochenhand
In ihren Augen lacht das Grauen. . .
Die Menge lacht — kann sie nicht schauen?

Der Abend deckt mit roten Schwingen
den schönen toten Jüngling zu,
und nächtliche Dämonen singen
Sankt Peters starre Welt in Ruh
Ein Frösteln zieht durch meine Glieder.
Die Sonne sank — und kehrt sie wieder?

Jüngling Tod.

Abend wars, ich saß und träumte,
während noch die Dämmrung säumte,
weltvergessen.
Unversehens, sieh, indessen
tritt zu mir herein ein Knabe,
eine Blume glühend rot
in der Hand mit frischer Labe.
Und es war der Jüngling Tod.
Freundlich spricht der schöne Bube:
„Bin vorüber just gegangen,
blickte da in deine Stube,
blieben meine Blicke hangen
Lange, dunkle Schatten warfen
deine Wimpern, und mit scharfen
Augen späht ich in den deinen
Sehnsucht, die dein Herz besiegt,
Sehnsucht nach dem Glück, das keinen,
keinen hier in Ruh gewiegt.
Sieh, allein in meinen Armen
läßt sichs kummerlos erwarmen.
Trink aus dieser roten Blume
und du gehst zum Heiligtume
meiner süßen Wonnen ein.
Thoren nennens schauernd: sterben
Doch du willst ja glücklich sein,
mußt um mich dann werben.“
Und ich fuhr aus meinem Sinnen:
Glück gewinnen?   . .

Nein, zu deinem Heiligtume
bin ich noch nicht reif genug.
Bringe deine rote Blume,
bring sie wieder, deine Labe.
thu dann gern den letzten Zug,
laß zuvor, mein schöner Knabe,
laß mich alle Blüten brechen,
die mir noch von Täuschung sprechen,
von dem schnellen Glück der Erden —
alle Blüten, die da werden,
blühen, duften, und vergehn!
Wenn die letzte, sturmgeboren,
welf, entblättert, mir verloren,
will ich dir ins Auge sehn,
in die schönen, tiefen Augen,
will den Tau des Todes saugen
aus dem roten Kelch und sterben —
sterben, leben, ewig leben!
Will um deine Liebe werben
und du wirst dein Reich mir geben.
In den marmorstillen Hallen
wird dann deine Welt auch mein
und ich werd geborgen sein,
wo die Götter wallen
Kehr drum wieder, kehre wieder!
Sind verstummt dann meine Lieder,
leb ich selbst nur ein Gedicht!
Komme wohl zur rechten Stunde,
Sieh, ich bin noch heilig nicht,

7*

würdig nicht, dich zu empfangen;
schließt sich erst die letzte Wunde,
will ich herzlich dich verlangen.

Meine kleine Sonne.

Du bist eine kleine Sonne,
du scheinest mir in das Herz —
Nun will es jubeln vor Wonne,
wie eine Lerche im März

Und schwingt sich von Jauchzern gehoben
hoch über den Menschen fort,
sie sucht sich im Blauen da droben
den stillsten, seligsten Ort.

Da streut sie wie bunte Raketen
viel Lieder hinab in das Tal,
das hören die Blumen und beten,
daß lächelnd sie grüße dein Strahl.

Ein hohes Lied.

Ich hebe mein Haupt zu den Sternen
und fürchte mich nicht.
Ich kenne des Lebens Gewicht
und will es ertragen lernen.

Ich höre den Herbstwind sausen
durchs Stoppelfeld
und weiß doch: ein Frühling der Welt
kehrt wieder mit stürmendem Brausen.

Ob unseren Götzen sich alles
in Andacht beugt,
kein Hüter in Waffen verscheucht
die Zeit ihres kommenden Falles.

Nicht acht ich der züngelnden Schlangen
auf dornigem Steg;
mich leitet mein Gott meinen Weg,
er läßt mich zum Ziele gelangen.

Ich hebe mein Haupt zu den Sternen
und fürchte mich nicht,
und heiter grüß ich das Licht
in langsam dämmernden Fernen.

Des Menschen Adel.

Erhobenen Hauptes umherzugehn
und nimmer die Menschen zu scheuen,
dem Gotte frei in das Antlitz zu sehn,
ein Herz selbsteigen im Neuen:
das nenn ich des Menschen stolzeste Zier
in mir.

Ihr fragt mich: woher? ihr fragt mich: wohin?
Das Schicksal fragt meine Wege!
Das Schicksal kennt mein Sein, meinen Sinn,
mir selbst verborgne Gehege.
Wer ruhig vollführt, was er muß, was er kann,
ist ein Mann.

Wer nicht einmal König im eigenen Reich,
den achten nimmer die Feinde,
der wandelt dem schleppenden Esel gleich,
den schlägt die fromme Gemeinde.
In Hammer und Amboß verteilt sich die Welt —
Wie's gefällt!

Mein Glaube.

Ja, über Nacht
ganz sacht
ist der Glaube gekommen.
Er hat es vernommen
das wilde, wilde Pochen
meiner Sinne.
Da hielt er inne.
Kein Wörtlein hat er gesprochen;
er setzte sich nieder
an meiner Seite
sein tiefes Auge weihte
mich tief in seine Lieder.

Er hat mich umschlungen
mit seinem Arm
und mir entrungen
hat er den Harm.
Da ist es geklungen,
ich weiß nicht wie
in meinem Innern:
o zweifle nie!
Ein weh Erinnern
durchflog meine Brust
und süße, süße Lust
der kommenden Dinge.
O daß es gelinge!
was fürchtest du!
Ein jeder eilt auf eigner Schwinge
den eigenen Sternen zu.
— Ja, über Nacht
ganz sacht,
ist mein Glaube gekommen. . .

Der Genesende spricht:

Liebling, wenn du betest,
horchet Stern bei Stern,
Liebling, wenn du betest,
lauscht auch Gott dir gern

Darum mußt auch danken
du, bin ich gesund,
muß ja sonst erkranken,
schweigt dein süßer Mund.

Was ich auch gelitten,
wiegt es noch so schwer,
deine lieben Bitten
wiegen ja noch mehr.

Was des Menschen ist.

Wer nie der Mutterliebe Tränen kannte,
wem nie ein heilig Feuer zehrend brannte
im Busen still verborgen,
wer nie durchbangt des Lebens bittre Sorgen,
und nie vergeblich um ein Ziel gerungen,
an wessen Lager nie der Schmerz gesungen
sein wehes Lied,
wem nie ein Stürmen durch die Sinne zieht,
die hellste Saite nie der Lust erklungen,
wenn ihm die Liebe Ketten flicht, —
Der kennt das Menschliche im Menschen nicht!

*   *   *

Wem nie das Herz von der Zukunft schwoll,
von kommendem Glück und Gelingen,
wem nie in Träumen wonnevoll
ein Strom aus verborgenen Tiefen quoll,

den keine Geister bezwingen,
wem nie ein Jubel die Brust erdrückt,
der Jubel der kommenden Stunden,
wen nie die Brunst dem Leben entrückt,
die Brunst der Ahnung, die heiß beglückt —
Der hat nicht die Erde empfunden!

Heilige Flammen.

Wenn ich ein schönes Antlitz sehe
und eine blühende Gestalt,
ob ich auch leis vorübergehe,
   des Glückes traute Nähe
berückt mich wie mit Allgewalt.

In diesen Formen welch ein Leben,
in diesen Linien welch ein Bann!
Und dieses Glück will sich erheben
   in wonnesamem Beben
und schwillt zu Meeresfluten an.

Die Schönheit weckt mit stummen Schmerzen
mir heil'ge Flammen in der Brust,
die leuchten gleich viel tausend Kerzen,
   derweil in meinem Herzen
ertönt das hohe Lied der Lust. —

Daheim im Frühling.

Meines Glückes Wandervögel
rasten tief in meinem Garten,
singen Lieder — jauchzen Lieder.

Wieder geht der holde Frühling
durch die Sonnenschattengänge,
bricht sich Blüten — süße Blüten.

Aber um den stillen Garten
kreisen düstre Sturmesgeier,
schreien häßlich — schreien herbstlich

Laß sie kreisen, laß sie schreien!
Um so süßer, um so heller
klingt das Lied — das Lied des Glückes!

Laß sie flattern, laß sie schatten!
Um so wärmer, um so lichter
strahlt der Frühling mir im Garten!

Laß sie kreisen, laß sie schreien! . .

Florentinische Tage.*)

Florenz.

Da liegt Florenz im grünen Hügelkranze
der Wasserrose gleich im Schoß geborgen,
wie auferwacht zu frohem Glückesmorgen,
ein Gruß des Lebens, hell im Sonnenglanze

In blauen Dunst zerflattern alle Sorgen,
wie lichte Träume, die uns nicht beengen,
wo mit dem Himmel sich die Berge mengen,
die diese Blume wie ein See umwogen.

Wo sich des Kelches weiße Blätter drängen,
hat sie des Stromes grünes Band durchzogen,
beherrscht von vielen kühnen Brückenbogen
und Türmen, ragend wie die stolzen Triebe.

Was ist es, sag, was noch zu wünschen bliebe?
Ein Mensch wie du und eine große Liebe!

Im Eifer der Liebe.

Mit bunten Blumen will ich dich bekränzen,
dir weiße Blütendolden duftger Linden
ins Haar mit bräunlichroten Rosen winden,
die schelmisch sammten wie dein Auge glänzen.

---

*) Diese meine Umformung des Sonettes nenne ich Florentine

Um Arm und Nacken will ich flechtend winden
Vergißmeinnicht dir, gleich Türkisenspangen,
und heiter soll den zarten Leib umfangen
aus rotem Mohn ein loses Knabenmieder.

Dann flattre leicht um deiner Lenden Wangen
ein knapp Gewand, gewirkt aus weißem Flieder,
in leisem Kusse zu den Knieen nieder.
Den bloßen Fuß — sag, wie ich den behüte?

O bunter Wahn, der sich mit Blumen mühte
und sieh! verhüllt die allerschönste Blüte!

Weh den Verkündern!
(Vor dem Bilde des S Giovannino von Andrea del Sarto)

Es war ein Lenz — und einmal kehrt er wieder ..
Ich bin so still durch einen Wald gegangen:
mein Herz ward froh und neue Geister sangen
mir hellen Mutes tausend frohe Lieder

Und all die tausend Jubelstimmen klangen
in einen Ruf: der Frühling soll nun kommen!
Die neue Zeit! o habt ihrs wohl vernommen?
Daß ich es jauchzen könnt in alle Fernen!

Schon sind der Funken viele still verglommen
und kommt das Licht hernieder von den Sternen,
wer will es heimisch bei sich hüten lernen!
So muß der Frühling sich erst still bescheiden.

Wie soll ich all das bittre Weh vermeiden!
Das große Glück, ach! bringt erst große Leiden.

Das lebendige Bild.

Gemälde grüßen rings mich von den Wänden,
von Gold und Farben schimmern all die Säle.
Was von der Schönheit auch die Pracht erzähle,
o, daß wir es von Bild zu Bilde fänden!

Doch keiner weiß, was er so recht erwähle . . .
Die bunten Toten alle mich umschwirren
und immer ferner die Gedanken irren . . .
Da plötzlich muß ich mich gefangen geben!

Der warme Blick dort will mich ganz verwirren —
der schlanke Leib — die weichen Knie, die eben —
Es regt sich — wie! das schöne Bild hat Leben!
Wie seine Reize reizend sich erneuen!

Nur diese Schönheit all die Thoren scheuen:
nur weil sie lebt, soll niemand sich dran freuen!

Kreuzt die Schönheit deine Pfade...

Ging ich eben auf der Brücken, ging so träumend
    für mich hin —
plötzliches Entzücken fesselt — fesselte mir Herz
    und Sinn .

Sieh! da wandelt mir entgegen meines Traumes
    Lustgestalt,
predigt ihrer Glieder Regung mit der Schönheit
    Allgewalt.

Wie das wilde Haar des Frühlings quillt der
    Locken Übermut
in die Stirne, um die Schläfen aus dem kleinen
    Nackenhut.

Wie beneid ich die Gewandung, die an deinem
    Herzen liegt,
die der Hülle gleich die Rose deiner Hüfte zart
    umschmiegt!

Ach! beneid des Windes Schnelle, der dich in die
    Arme schließt,
Der dir Wangen, Lippen, Kniee stürmisch küssend,
    dich genießt.

Heiter möcht ich mit dir streifen in den Wäldern,
    auf den Höhn
und ich möchte jauchzend rufen: Welt, wie bist du
    wunderschön!

Kreuzt die Schönheit deine Pfade, Herz, so folg
ihr munter nach,
denn der Schönheit holde Geister bieten selbst
dem Grame Schach.

Im Vorfrühling.

Meine Hoffnung, ach! sie gaukelt,
eh ihr noch der Sommer lachte,
gleichwie dieser früherwachte
Falter in dem Winde schaukelt

Wehe deinen leichten Schwingen!
Wehe deinen zarten Farben!
Denn im Sturm, im Sturm verdarben
alle, die zu zart zu ringen

Ein heller Seufzer.
(Auf den marmornen Stufen von San Miniato.)

Nicht ewig kann in deutschen Landen
allein die Dummheit Fürstin sein!
Ist diese Nacht erst überstanden,
dann wird es wieder heller sein.

— — — —

Wenn die Wälder rauschen . . .

Hörst dus in den Wipfeln rauschen?
Hörst du leise Grüße tauschen
Stille Geister der Natur?
Bald ein heldenlautes Mahnen,
bald geheimnisvolles Ahnen —
künden einen heilgen Schwur.

Immer kühner, immer wilder
tönen ihrer Sprache Bilder,
von des Windes Mut erfaßt . . .
Sieh! da kehret frohe Jugend —
Kraft und Schönheit ihre Tugend
in die Einsamkeit zu Gast.

Sprengen an auf weißen Rossen,
tummeln nackt und unverdrossen
sich am lichten grünen Rain.
Von dem Jubel ihrer Lieder
hallt des Waldes Echo wieder,
bebt der dunkle Tannenhain

Streitend ihre Glieder scherzen,
kämpfend lieget sich am Herzen
je ein junges Heldenpaar.
Stiller wird es wie im Kosen . . .
Und entschwunden mit dem Tosen
ist auch jene üppge Schaar.

Langsam kommt des Zuges Wandlung:
Wie in feierlicher Handlung
kommt es auf den grünen Plan.
Priesterlich in weißem Haare
und in wallendem Talare
edle Greise würdig nahm.

Mit des Weihrauchs duftger Gabe
geht daher ein schöner Knabe,
seinen schönen Göttern gleich.
Leicht beschwingt zum Tanze regen
Jünglinge sich und bewegen
sich nach Tönen, warm und weich.

Lose flattern die Gewänder
und des lockgen Hauptes Bänder
in der warmen Sommerluft . .
Immer stiller wird das Rauschen . .
Nur ein leises banges Lauschen
wie in stiller Totengruft

Spurverweht ist jener Reigen,
düstere Gestalten zeigen
sich verhüllt in müdem Schritt.
Einer stimmt des Grames Weise
traurig an und leise, leise
klagt sie jeder Schwarze mit.

Einzig nur im Purpurkleide
schleicht der Tod, die bunte Seide
schlottert um das welke Bein.
Und sie weihn ihm das Gelände,

küssen seine bleichen Hände:
König Moder lächelt drein.

Und er steigt zum Wiesentrone
mit der dreifach hohen Krone,
die auf weißem Schädel nickt.
Wie er mit dem Stabe winket,
jeder die Begeistrung trinket,
die aus hohlen Augen blickt.

Erst in feierlicher Regung,
dann mit zierlicher Bewegung
preisen sie die hohe Frau.
Sieh! da nahen schöne Weiber:
ihre lustgeschmückten Leiber
tragen sie mit Stolz zur Schau.

Wilder nun die Schwarzen singen.
Und die Frauen Geißeln schwingen
mit den Händen zart und schwach.
Männer, die sich selbst bekriegen,
plagen, stoßen, — unterliegen
ihrer Herrin leichtem Schlag.

Rauschender ertönt die Weise,
balde drehen sich im Kreise
Weiber mit entblößter Brust.
Bald die Schwarzen sich zerfleischen.
Alles übertönt das Kreischen
taumelnder verwirrter Lust.

Oben von dem Wiesentrone
nickt noch stets die hohe Krone,
schlägt der Tod den Takt dazu.
Jubel, halberdrückte Klagen,
grelles Durcheinanderjagen
ohne Rast und ohne Ruh.

Hörst du's in den Wipfeln rauschen?
Hörst du ihre Worte tauschen
stille Geister der Natur?
Einmal ziehn aus diesen Gründen
jene auch mit ihren Sünden —
dann verweht auch ihre Spur.

Ein Liebesbrief.

Können diese schwarzen Zeilen,
können sie die Sehnsucht heilen?!
Müßte doch ein Wunder sein.
Doch es lockt mich zu verweilen,
mich verlockt der süße Schein.

Schein? Fürwahr, es ist kein Scheinen,
ist ein wahr und herzlich Meinen,
redet mir von Lieb und Treu.
Und wie klingt es süß mit deinen,
deinen Worten mir aufs neu.

„Liebster". Sag es ohne Zagen
Ach, und deine Pulse schlagen
wärmer, wenn du mein gedenkst.
„Mein" dazu Du willst es sagen,
daß du mir dein Herze schenkst.

Dankst mir da für jede Gabe,
die ich dir gesendet habe,
doch vor allem für die Lieb.
O, du schlauer süßer Knabe,
allerschläuster Herzensdieb!

Ob ich noch der schönen Gänge
gern gedenk? Da im Gedränge
bei dem Feste Hand in Hand?
In dem Blütenreich der Hänge?
An des Arno grünem Strand?

Da mich jene Blüte freute,
die ich mich zu pflücken scheute,
aber du mir munter brachst.
„Denkst du noch des Schelmen heute?"
Ei, wie schelmisch du nur fragst.

„Baldigst sollst du wiederkehren:
schier in Ungeduld verzehren
will dein Liebling sich allein.
Wollen dann uns nicht entbehren,
wollen, ach, so glücklich sein!

„Mußt zuvor den Tag mir schreiben,
dann zu Gast am Abend bleiben,

auch der Vater bittet dich . . ."
Halte ein! ich fühl, es treiben
schon zu dir viel Geister mich

Und wer ward der Liebesgeister
jemals Herr und jemals Meister,
wenn zur Sehnsucht Sehnsucht spricht!
Suchen wie ein jäh umeister
Wandelstern der Sonne Licht.

Deine Küsse, deine süßen
Liebesküsse fühl ich grüßen
meine Lippen wild und warm.
Ach, den Zauber muß ich büßen
heute durch der Trennung Harm!

Zaubern können diese Zeilen,
daß ich im Vorübereilen
spüre deiner Lust Gewalt,
daß ich sehe vor mir weilen
deine reizende Gestalt.

Zaubern können diese Zeilen,
daß ich im Vorübereilen
deinem Herzen nahe bin,
daß ich plaudernd höre weilen
deinen lieben Schelmensinn.

Ein Lied dem HErrn.

Da in flammender Abendröte
über dem blühenden Hügel,
herrlicher Gott,
Du mir leuchtest,
wo alle Himmeln dunkeln —
wie ist die strahlende Schöne
Deiner ewigen Größe
flüchtiges Bild!
Lind in dem Hauch deines Odems,
dem die Kräuter und Blumen sich neigen,
grüßest du freundlich, o Herr!
So grüßt mich der Gott meiner fernen,
fernen, ach, seligen Tage,
da ich ihm duftige Kränze
weihte auf weißen Altären
an des Alpheios eilendem Strome.
Herrlicher, der du auch heute
mir unter Tränen Glück beschertest,
viele der stillen menschlichen Wonnen,
nimm meinen Dank,
nimm meiner Lippen glühende Andacht,
all diese frommen Schauer
meines freudig bewahrten Lenzes;
daß ich dich endlich wieder erkannte,
nimm diese Opfer der Liebe!
Deiner Erscheinung lodernde Flamme
setzet im weihevoll einsamen Tempel
alle die Gaben in Brand,

die ich bewahrte
in Kämpfen des Hasses, der Liebe.
Flüchtiger, Ewiger,
der du in sonneglühenden Wolken
wohnest — in blinkenden Sternen
und in den schönen Menschenherzen,
weile, ach weile!
Laß deines Odems heiliges Wehen
scheuchen die nebelnden Schleier,
die kreischenden Vögel,
die verdunkelnd umziehn
meine still heitere Warte!
Tilge, o Herr!
Tilge mit deines Zornes Flammen
alle die stumpfen Verächter
Deiner duftenden Blumen,
Deiner blühenden Leiber,
Deiner unendlichen Schöne!
Freude um Freude, die du mir schenktest,
die Blüten alle der Liebe
winde ich dir zu Kränzen.

In allen Weiten . . .

In allen Weiten
die Sterne irren,
die Wogen gleiten
in rastlosen Wirren
über den See — —

Nun wollt ich weilen
im Glücke rasten . . .
Mich treibt ein Weh,
und ich soll eilen,
soll wieder hasten,
ohne Heim, ohne Ruh,
den weiten Fernen zu

Wenn die Liebe weilt . . .

Lieb, ach Lieb, verweile,
allen Kummer heile
du mit süßem Wort!
Setz dich zu mir nieder,
Lieb, und lächle wieder
alle Wolken fort!

Nur nicht scheiden müssen,
Lieb, bei deinen Küssen
wird die Erde leicht;
und vor deinen Streichen
muß der Schatten weichen,
der mich trüb umschleicht.

Triff mit deinen Pfeilen,
die so sicher eilen,
auch das flinke Glück!
daß ich sie vergeude,

bring mir alle Freude,
bring sie mir zurück!

Nur nicht scheiden müssen!
Lieb, bei deinen Küssen
sprießt aus Dornen Glück . .

Wem je sein Glück im Arme lag . . .

Wie ist das Glück so wunderbar,
wenns uns am Busen liegt,
wenn es mit ganzer Wonne gar
sich an die Wang uns schmiegt!

Wenn es mit Küssen ohne Zahl
den Mund der Fragen schließt,
das Herze, frei von Sehnsuchtqual,
den Augenblick genießt!

Wie ist die Welt voll Sonnenschein,
wir selbst den Göttern gleich,
macht ohne Reu und ohne Pein
der Augenblick uns reich!

Wem je sein Glück im Arme lag
und wen es je geküßt,
dem ward ein voller Menschentag
und wenn er sterben müßt

Sonnenlieb.

Die Sonne will schlafen gehn.
O Sonne, liebe Sonne,
bleib noch ein Weilchen stehn
zu meiner Wonne.

O lächle noch so warm,
die Sinne zu berücken;
du magst mich mit güldenem Arm
ans Herze drücken.

Es wird nun balde Nacht,
schein noch ein Weilchen im Zimmer,
das du so hell gemacht.
O schienest du immer!

So will ich mit dir gehn,
thust du nun scheiden müssen;
dann bleibe noch einmal stehn
und laß dich küssen.

Der Gott im eignen Herzen.

Genieß, mein Herz, und freue
dich an der schönen Welt.
Ein Thor, dem kranke Reue
das warme Glück vergällt!

Laß nicht die Blüten welken,
die dir die Erde beut,
die Rosen, Lilien, Nelken,
sie blühen eben heut.

Den Gott im eignen Herzen,
Den frage nur allein,
ob du es sollst verschmerzen,
was Glück dir deucht zu sein.

Die Sonne wecket Farben
in Blüten sonder Zahl:
und du nur solltest darben
in vorgeschriebner Qual?!

Auferstehung.

Des Menschen Lied der Liebe,
das alte urewige Lied,
wie es mit neuem Getriebe
durch meine Sinne zieht!

Da springen neue Bronnen,
die keiner zuvor gekannt,
da scheinen neue Sonnen
auf neu erblühendes Land.

Das Leben ist wohl behende
und kurz ist alle Frist,

doch ist das Glück ohn Ende,
so reich alles Unglück ist.

Die Lippen, die ich küsse
sind süß, wie je ein Paar.
Wem boten mehr Genüsse
des Lebens Geister dar?

Ein Marmor kam ins Leben,
Alt-Hellas bronzenes Bild —
wie hier in der Liebe Beben
die Fülle der Glieder schwillt!

Und dieser Augen Lachen!
Der Unart neckische Kraft!
Zu neuem Spiele entfachen
die Sinne sich nimmer erschlafft.

Du bist mir aus glücklichen Tagen
der Menschheit wieder erweckt,
das Schicksal der Zeit zu tragen,
die alles mit Nacht bedeckt.

Von deinen Lippen trinke
ich altes urewiges Glück;
so folg ich göttlichem Winke
und kehre ins Leben zurück.

Es fiel ein Reif . . .

An seinem silbernen Schleier
merk ich des Winters Nahn.
In stiller kühler Feier
bezog er den Wiesenplan.

Der Stämme bläuliche Schatten
gestürzten Säulen gleich,
durchschneiden die grünlichen Matten
bis an den schlummernden Teich

Und drüben das goldige Röhricht,
versilbert von frostigem Hauch —
Ein Strahlen, wie selig und thöricht . .
So glücklich bist du nun auch. —

An diesem Gitter säumten
wir einmal vor Monden zurück,
wir schwiegen und wir träumten —
du weißt nun, von welchem Glück.

Wir haben uns schweigend gesprochen,
und haben uns bald getrennt,
und hielten doch unverbrochen
die Liebe, die niemand nennt.

Es fiel ein Reif auf Erden
auf alle unsere Lust —
und sollt doch ein Frühling werden,
ein Frühling, der kommen mußt.

An seinem silbernen Schleier
merk ich des Winters Nahn —
an unserer Liebe Feier
des Glückes göttlichen Wahn.

Im Schloßpark.

Wenn die grauen Nebel streichen
durch die Zweige kahler Eichen
in den toten braunen Gängen,
Wenn in matten grauen Teichen
sich die Äste spiegelnd drängen,
lausch ich gerne meinem Herzen —

lausch ich gerne meinen Träumen,
die in bunten Tagen säumen,
eine bunte Welt sich schaffen.
An den moosbedeckten Bäumen
alte tiefe Wunden klaffen,
Wunden, die der Saft vernarbte.

Und die grünen Moosbedeckten,
die so oft vom Lenz Erweckten
plaudern von erstorbner Schöne . .
Da! — Die Einsamkeit erschreckten
nahe ächzend schrille Töne.

Ach, das sind die neuen Klänge,
sind der Eisenbahn Gesänge,
die vorüberjagt am Garten.

Draußen tobt Berlins Gedränge.
Aber hier ist stilles Warten,
wenn die grauen Nebel schleichen.

Das große Glück.

O großes Glück,
    wo selbst die Lieder schweigen,
du führst zurück
    der Freude bunten Reigen.
Mir leerst du heut
    dein Füllhorn süßer Früchte,
das nie entweiht
    des Wurmes arg Gezüchte.
Sie wurden wach
    des Frohsinns holde Geister
und allgemach
    des blassen Grames Meister.
Doch wollt ich dich
    im Bilde dauernd halten —
wie wenig glich
    es deiner Reize Walten!
Den Augenblick
    füllt nicht ein Meer von Liedern
und kein Geschick
    kann Schönheit je zergliedern.
Ach, was du schaust,
    quillt tief in deinem Innern;

und was du baust,
        ist nur ein blaß Erinnern
Die höchste Lust
        ist wie der Götter Nähe;
dir wohl bewußt —
        doch daß sie niemand sähe!
Ach, höchste Lust
        erweckt der andern Hassen;
in stiller Brust
        nur will man's glühen lassen.
Du süße Lust,
        führ deinen schönsten Reigen!
Herz, was du mußt,
        ich will es wohl verschweigen.

In der Märchenstunde.

Wie gern, mein Liebling, lausch ich deinen
        Märchen,
die du mir plaudernd zu erzählen wußtest.
Schon guckt die Dämmrung durch das hohe Fenster
und auf dem weichen, warmen Bärenfelle
entträumt sich's wohlig in die bunte Ferne,
im süßen Arm der Gegenwart geborgen.
In deinen Augen les ich all die Wunder,
in deinen Augen, die so schelmisch blitzen,
die bunten Wunder von dem blinden Riesen,

den von den Hexen einst ein Jüngling löste,
der selbst auf eines Zauberrosses Flügeln
den Tagen seines Glückes zugeflüchtet
Den Tagen meines Glückes —

                Herzens-Liebling,
Du süße Freude, lenkst du mich entgegen.
O ja, viel Hexen sitzen an dem Wege,
den auch mein Riese Schicksal wandern mußte.
Du löstest ihn, doch nahmst ihm dann mit Listen
sein weißes Roß, das wilde mit den Flügeln,
das dir so gern zu willen ist; und wiehernd
ob seiner Freiheit, schwebt es über Schluchten
und Wälder, undurchdringlich wie das Dickicht
der Feindeslanzen, über Spiegelberge,
an denen strauchelnd Tausende zerschellten,
und über Meerestiefen weiter — weiter —
vergeblich keucht des Riesen lahme Stute,
wir sind zuvor

            Und kennst du dieses Märchen?
Fast ist's dasselbe, das du mir erzähltest
Der Wunder größtest, aller Märchen schönstes
ist dieser Augenblick, ist — unsre Liebe.
Du selbst, in dieser Zeit ein schönes Märchen,
ein Traum aus unser Menschheit goldnen
           Tagen,
der Wahrheit Traum, in dessen warme Glieder
des Lebens Pulse ihren Zauber hauchen:
Wie einst des höchsten Gottes schöner Liebling
ihm lächelnd goß des Himmels klaren Nektar
in die kristallne irisfarbne Schale,

an seinem Lager sitzend . . .
                    Denk ich dessen,
so deucht es mich, nach langen tausend Jahren
stieg wieder einer von den Göttern nieder,
und seine Augen leuchten so wie deine,
die schwarzen Diamanten   Seine Lippen,
wie deine küssen. Seine dunklen Locken
verwirren so die weiße Stirn. Die Blüte
entließ er deinen Wangen. Seine Glieder
sind so beredt wie deiner süße Sprache,
die keusch und spielend ihre Reize wandeln.
Und seine Worte —
                    lieb wie dein Geplauder.
O laß die heilge Flamme deiner Liebe
auf meinen Lippen brennen!
                    Und der Himmel
wird dieses Märchen segnen —
                    König Abend
schwingt seine träumend weichen Flügel,
                    Liebling,
Prinz Frühling, auf, laß uns ein Licht entzünden!

Frühlings=Alf.

Du zeugtest Mutter Erde der Träume schönstes
     Kind!
Auf seinen Tritten sprießen
    die Freuden, es genießen
 ihn alle hold gesinnt.

Ich seh ihn prächtig reifen und alle Lust erneun;
Der Glieder süße Fülle
    will sprengen ihre Hülle
 und sich am Lichte freun.

Wie naht er mir behende, der mich gefangen hält!
Nun noch ein leises Singen —
    die nahen Grüße dringen,
 o sag, aus welcher Welt?

Bist du der holde Frühling? „O nein, ich bin
     es nicht!“
Warum denn wollen blühen
    die Blumen all die frühen
 vor deinem Angesicht?

Wenn deine Augen blitzen — warum wird mir so
     schwül?
Ist das nicht Lenzgewitter?
    Sag an, mein kleiner Ritter,
 wie nenn ich dies Gefühl?

Bist du der Gott der Liebe, von dem die Sage
spricht?
Nach dem sie alle fragen
und den sie doch verklagen?
„O nein, ich bin es nicht."

Wer bist du, Edelwölflein? „Ich bin ein
Menschenkind."
Und heiter wie die Götter!
Du Quell, du schöner Retter,
den meine Welt gewinnt

Du bist ein Alf, ein Elfe, dem jeder Zauber half
das Glück in Banden schlagen,
wie ich es wollt erjagen,
du bist mein süßer Alf!

Streitbares.

Wie wirs so herrlich weitgebracht.

Physiker
Habt ihrs gehört? Schon kann die Luft gefrieren!
Geograph
Bald können nach dem Nordpol wir spazieren!
Ja Nansen und Andree — welch große Leute!
Was macht die Menschheit ohne Nordpol heute!
Naturforscher.
Schon ist die Laus der kleinsten Maus behandelt!
Historiker.
Das ist der Fortschritt, der mit uns auch wandelt.
Gelang es uns doch gar zu untersuchen,
was man bei Rudolfs Krönung aß — für Kuchen!
Astronom.
Ein zweiter Mond ward gar von uns gefunden,
sein Umlauf schon berechnet nach Sekunden!
Philologe
Auch können wir nun ganz gewiß drauf pochen,
daß Cicero nicht Kikero gesprochen.

Journalist.

Es giebt kein Fest, giebt keine Stadtgeschichten,
von denen wir nicht haargenau berichten!
Wo sonst ein Weltereignis stumm geblieben,
wird jede Damenrobe jetzt beschrieben.

Mediziner.

Dank Röntgens Strahl giebt es nun gar kein
Fehlen;
wir operieren selbst verkehrte Seelen.

Theologe.

Und doch, ihr Lieben, sind's noch Kleinigkeiten,
denkt man an unsre Wichtigkeit zu Zeiten.
Es mag kein Wort mehr in der Bibel stehen,
das wir nicht längst mit Noten reich versehen!

Ein Lebender.

Jedoch der Mensch, ihr hochgeehrten Leute?
Was ist der Mensch? Kennt ihr den Menschen
heute?
Sein Wünschen, Fühlen, herzlichstes Verlangen?
Warum habt ihr nur diese übergangen?
Was auch noch dunkel sei im Menschenherzen,
uns kümmern seine Freuden, seine Schmerzen.

Chor der andern

Der Mensch? Der Mensch! Ei, lästiger Geselle!
Geh! Du entweihst der Weisheit Tempelschwelle.
Der Mensch?! Ach, geh! Was kann er noch be=
gehren,
da wir als homo sapiens ihn verehren?!

Der Lebende.

Gebt Acht! Laßt noch den Hunger sich verzehren,
und er wird euch — verschlingend — Tod be=
　　　　scheren
Es läßt sich wohl mit einem satten Magen,
allein nicht hungernd solch ein Quark vertragen.

Menschliches.

Bornierte hier — dort Knoten,
Gebete hier — dort Zoten.
Hier Frömmeln und Belügen,
dort Freisinn und Betrügen.
Hier Wirklichkeit verkennen,
dort Frechheit Wahrheit nennen:
Das will im allgemeinen
mir Menschlichkeit erscheinen.

Verfehmte Schönheit.

Schön — wagst du zu sein, und trägst keinen
　　　　Unterrock?!
Ei! Das verzeiht dir weder Ziege — noch Bock.

Theatralische Ehrenpflichten.

Jeder Theaterdirektor ist gerne ein trefflicher
Richter;
darum nährt er den Mann, welcher sich
nennt Dramaturg.
Doktor ist er zumeist und sendet den Dichtern
die Stücke
ungelesen zurück, die er zur Prüfung empfängt.

Tantièmenparadies.

Möchtest auf die Bühne kommen?
Schickst dein Drama ins Bureau,
daß es lagre irgendwo!
Freundchen, hast du nie vernommen,
um ins Paradies zu kommen,
wo man lebt tantiemenfroh,
hält es jeder Kluge so:
hab im Himmel einen Vetter —
eine Base ist noch netter —
Wenn zweitausend jährlich flehn,
kann der Herrgott sie verstehn?!
Aber Vetter oder Muhme
ist der Weg zum Heiligtume,
oder sonst ein zartes Band . . .
Ei, so habe doch Verstand!

Im Reichstag.

Konservativ ist der eine, sozialdemokratisch der
andre,
nationalliberal nennt sich der dritte mit Stolz,
und zu dem Zentrum gehört die eine Elite der
Frommen,
während die andre sich hierhin und dorthin verteilt.
Eines vereint allein der Deutschen gespaltene
Seele:
lachen können sie noch, wenn es was Ernsthaftes
giebt,
ach, und zornig erröten im Angesichte der Wahrheit,
geht ja die Wahrheit doch immer noch furcht-
los und nackt

Eliſàr, Herr von Kupffer.

Den Teufel auch! ich bin ein Mann.
Ihr sollt mich richtig schreiben,
und wers nicht will und wers nicht kann,
soll mir vom Leibe bleiben!

Auch heiß ich richtig Élisàr
und hieß Elisar nimmer,
geschweige denn Elise gar,
ich bin kein Frauenzimmer.

Der Traum des Sonnengottes.

Eine moralische Phantasie

Zweitausend Jahre hatte der Sonnengott ge=
schlafen. Da war ihm, als erwachte er. Er öffnete
seine Augen, und in der dunklen Höhle, in der er
gelegen hatte, ward es licht und warm Die bösen
Dünste wanden sich ängstlich an der kalten Mauer
hin und her. Eine dicke Kröte in der Ecke steckte
ihren Kopf ärgerlich und verschämt unter einen
Stein, so häßlich kam sie sich vor, als sie in
der beleuchteten Pfütze ihre matten Augen, ihr
schläfriges Maul und ihr plumpes Wesen sich
wiederspiegeln sah.

„Daß du stürbest, unsittlicher Verführer! Ist
das eine Art, so seine nackten warmen Glieder
zur Schau zu tragen. Jeder anständige Mensch
trägt jetzt ein graues Kleid,“ brummte sie und
verkroch sich ganz Wo sie gesessen hatte, da roch
es nach den Drüsen ihrer Scham Aber der nackte
Sonnengott verstand sie nicht und achtete auch
nicht auf sie. Er reckte seine ewigjungen Glieder
und warmes Leben rieselte durch seine zarten

Adern Allemal, wenn die mürrische Kröte ihren
Kopf über der Pfütze auftauchen ließ, mußte sie
das sehen und ein neidischer Groll zog in ihre
Seele, aber sie sah doch wieder hin

Und der Sonnengott ging hinaus. Wo er
hintrat, da erwärmte sich der Boden und grünes
Gras und weiße Blumen mit roten Kelchen
sprossen hervor. Eine Fledermaus, die vor dem
Licht erblindet war, saß mit gesenkten Flügeln,
wie in einen Trauertalar gehüllt hinter einem
Mauervorsprung.

„Wovon soll ich leben, wenn es licht bleibt!"
seufzte sie. Wie neblig es aussah! War das
die Sonne, dies blasse, rötliche Etwas, das durch
die schaalen Dünste blinzelte?

Er wischte sich den Nebel aus den Augen.
Da ward es lichter umher. Der welke Rasen
leuchtete bald im sattesten Mattengrün. Die
Bäume streckten ihre Äste weit in die Luft und
atmeten in vollen Zügen. Rote Sonnenröschen
öffneten ihre Hülle und lächelten seelenvergnügt
aus goldenem Antlitz Eine Spottdrossel in den
schwanken weißen Blütenzweigen der Akazie sang
ein sittiges Lied, aber sie lachte immer dazu
und wiegte kokett ihr Köpfchen.

„Sitte hin, Sitte her;
das Leben gilt mehr.
Gott grüß dich, mein Schöner!"

Plötzlich — was war das? Auf einer Holz-
bank im Grase saß ein kleines Männchen im

langen schwarzen Rock und hatte ein großes Buch
vor sich auf den spitzen Knieen liegen. Auf der
Nase saß ihm eine große graue Brille Die bart=
losen Mundwinkel hingen lang herab und unter
dem dürren Kinn zitterte andächtig ein grauer
Bart Nebenan lag sein schwarzer hoher Hut Der
Sonnengott schaute ihn verwundert an, er wußte
nicht, was aus ihm zu machen. Nie hatte er
ein so mürrisches schwarzes Männchen gesehn.
Wie saß es da in sich versunken und merkte
nicht, wie die bunten Gräser über seinen Kopf
hinauswuchsen!

Wie der Sonnenjüngling ihn so unverwandt
anschaute, da fühlte der Alte einen stechenden
Schmerz auf seinem kahlen Hinterkopf. Erschreckt
bemerkte er nun das Leuchten und Farben=
schimmern um sich her. „Pfui,“ sagte er, „die
Blumen stinken in meine Seele. Ist das heute
eine Hitze! Ist die Erde denn verrückt geworden?
Es war doch so schön kühl und herbstlich, als ich
mich hinsetzte.“ Er erhob sich, blickte um sich
und blieb wie versteinert stehn.

„Ein nackter Mensch! Hier im Freien! Wider
alle Sitte und Moral! Mein Herr, das ist Ver=
letzung des öffentlichen Anstandes!“ Er suchte
seiner heiseren Stimme einen erschütternden
Tonfall zu geben, aber sie klappte über Die
Spottdrossel sang immer lauter

„Wie sollten Sie auch die keusche deutsche
Sprache verstehen! — C'est un outrage à la pu-
deur publique! — É vietato!"

Immer lächelte der Sonnige Das Männchen
sah durch das Grau seiner Gläser das Atmen
des Körpers und den Schatten der Akazien, der
schmeichelnd über die schlanke, üppige Gestalt
huschte „Er ist wahnsinnig," schrie er und rannte
wie besessen davon, daß die langen Rockschöße im
Maienwinde flatterten. Der schwellende Rasen
gab höhnisch unter seinen plumpen Tritten nach,
er strauchelte und fiel mit dem Gesicht in die
Nesseln Die grauen Gläser hatte er verloren,
nun sahen die matten Augen nichts mehr; er
mußte mit gesenktem Kopf auf der Erde weiter
tasten.

„Ein sonderbares Tierchen!" dachte der
Sonnige verwundert. Hut, Buch und Feldstuhl
waren liegen geblieben Er setzte sich hin, nahm
das Buch und wollte studieren.

Da kam ein Pärchen des Weges gegangen
Er trug weite gestreifte Hosen, einen weiten
dunklen Rock und rote Handschuhe; aus der Tasche
guckte ein dicker Stock hervor Sie hatte ein
weißes Kleid und einen roten Sonnenschirm. Und
sie lächelte verschämt, während er nach gang=
baren Worten suchte, um ihr seine Neigung zu
entdecken, aber es waren nur abgestandene süße
Witze. Plötzlich bemerkte sie den nackten Gott,
der sich auf dem Rasen ausgestreckt hatte. Ein

Aufschrei entfloh ihren roten Lippen. Ihr Be=
gleiter hatte gerade von der Liebe im allgemeinen
gesprochen. Sie hielt den Schirm errötend vor
das Gesicht, blickte aber verstohlen durch die
langen klaren Spitzen. War das ein zauberhaft
berauschendes Gefühl! Jetzt hatte auch er ihn
bemerkt und zischelte ihr etwas leise zu, worüber
sie noch mehr errötete. Der Sonnige wandte
sich um und mußte lachen.

„Seid ihr nicht Menschenkinder? — Erklärt
mir dieses Buch.“ Statt Antwort zu geben, eilten
die beiden davon — in das nächste Dickicht.

„Sonderbare Leute! Aber sie gefielen mir
doch schon besser.“ Er ging weiter. Er wollte
Menschen suchen, schöne wirkliche Menschen, frohe
lichtbraune Menschen, wie er sie vor zweitausend
Jahren gesehn hatte.

Bald nahte er der Stadt Die Straßenbuben
sahen ihn schon von fern und lachten aus vollem
Halse. „Seht doch den! Seht den! Das lassen
wir uns gefallen. Da giebt's keine Schläge,
wenn die Hose zerrissen ist.“ Und sie tanzten bald
ausgelassen um ihn herum in ihren Holzschuhen

„Wie häßlich!“ dachte der Sonnige. „Diese
schmutzigen Lappen um die Glieder! Diese Holz=
füße! Wie sie stampfen!“

Neugierige Leute schauten aus den Fenstern
und erwarteten ein Schauspiel zu sehn. Es ward
ihm eigen zu Mut. Ein paar Männer in
schwarzen Röcken, mit schwarzen Röhren auf

dem Kopfe, gingen eilig über die Straße. Sie
waren so sehr in ihr Gespräch versunken, daß
sie nicht merkten, was um sie her vorging. Ein
dicker Mann mit martialischem Schnurrbart und
rasselndem Säbel stand an der nächsten Straßen=
ecke. Kaum hatte er den leuchtenden nackten Gott
erblickt, so rötete sich sein breites Gesicht noch
mehr und die breiten Enden des Bartes zuckten
wie zwei Staubbesen. „Herr—r—r!" donnerte
er und schritt auf ihn zu; aber schon war der
Sonnige in einem Flur verschwunden und der
behäbige Hüter des Gesetzes hatte das Nach=
sehen.

Die hohen Stiegen, die düstren Räume ver=
setzten den Gott in ein launiges Erstaunen. „Ist
das ein tolles Maulwurfsgeschlecht!" dachte er,
schlüpfte aber doch hinauf Stimmengewirr
brummte ihm entgegen. Er schlich durch eine
offene Thür in ein Zimmer, da war niemand,
nur eine Menge Mäntel hingen da gleich Fleder=
mäusen; in einen solchen versteckte er sich, obwohl
ihm gruselte, als das häßliche fremde Gewand
seinen Körper umschloß. Da — Stimmen im
Nebengemach!

Es wurde um Ruhe gebeten. Er lauerte durch
eine Spalte. Hu! was war das für eine Ver=
sammlung von Raben, Dohlen, Krähen! Aber
sie hatten doch Menschengesichter, einige sehr
würdige. Jetzt hub einer zu reden an. Er hatte
eine spitze Nase und einen Bart auf den Wangen.

„Meine Herren," sagte er, die trüben Brillen=
gläser abwischend, meine Herren, unsre Sittlich=
keit ist stark im Sinken begriffen, unserer alten
frommen Zucht droht Vernichtung. Was das
bedeutet, wissen Sie. Und wer ist daran schuld?
Unsere Künstler, die der gemeinen Sinnlichkeit
schmeicheln, unsere Theater, die nicht mehr nur
religiöse und moralische Fragen behandeln, wie
im guten Mittelalter. Wohin sind die schönen
Oster= und Weihnachtsspiele, die so erbaulich
waren? Nur ein gewisser Hauptmann hat noch
etwas Ähnliches mit der armen Hannele versucht.
Aber ach! sonst herrscht Zuchtlosigkeit. Man
merkt überall den Trieb nach ungeweihter Liebe."

Der Sonnige lachte in seinem mausgrauen
Mantel, so daß die goldenen Locken sich
schüttelten. Waren denn diese Leute aus Holz
geschnitzt und mit Ruß angestrichen, daß sie
solche Angst hatten, man sähe ihre steifen Glieder
und wüsche ihnen die schwarze Farbe ab? Ge=
boren waren sie doch gewiß nicht, sonst könnten
sie nicht solche Furcht vor der Haut haben. Ge=
weihte Liebe? Was war das? Weihte die Liebe
nicht? Der Mann sprach weiter: „Wehe über
das, was heute geschrieben und gelesen wird!
Die kindlichen Gemüter werden schon früh ver=
dorben. Wer will noch an den Storch glauben!
Und das nennt man Naturalismus! O die leidige
Natur! Sie verführt uns zur Sünde."

Was war nun das wieder für ein Wort? Etwas Häßliches muß der Mann doch damit meinen. Aber die Natur ist doch das Schönste So dachte der Sonnige.

Da fuhr der Redner fort: „Ja, wenn die Naturalisten und Realisten noch mausgrau sind, wie der Slave der Enthaltsamkeit mit den russischen Schmierstiefeln oder der mystische Nebelmann aus Norwegen, aber nun herrschen gar Leute mit sardonischem Lächeln und zügellose Teutonen, die an der Börse der Unsterblichkeit in Unterhosen spekulieren. Ja, ja, wir sind heruntergekommen!"

Nur nicht vom Olymp. Dort hätten wir euch als Possenreißer gebrauchen können. Der hinkende Hephästus hätte sich wahrlich gefreut, nicht mehr allein als Zielscheibe unseres Witzes dienen zu müssen

„Und das Theater?!" fuhr der Mann fort „O weh, welche Brutstätte böser Gedanken und Lüste ist es geworden! Statt sich zu erbauen, kokettieren sie in den Pausen nach Küssen Das sind häßliche Auswüchse. Wir müssen die Weiber schützen."

Der Sonnige mußte wieder lachen, denn er wußte wohl, wie schön ein Kuß ist. Hatte er doch so häufig die Chloe und den Hyazinth geküßt.

„Aber e i n e Hoffnung giebt es: wir müssen jede freie Schrift verbieten, die Theaterzensur

einem Komitee von Schutzleuten überlassen; zu=
letzt haben wir ja noch eine brave Jugend —
die Studenten — wenn die nur tüchtig zischen
wollten!"

Das thaten die lieben Athener auch, wenn
die Reden recht geist= und witzlos waren; hier
thäten sie's ebenfalls

„Nach der Moralität des Publikums muß sich
der Dichter dann richten, die wird ihn behüten
und bewahren. Sonst kaufen wir seine Bücher
nicht "

Ho ho! als ob er das nicht besser wußte,
daß kein wahrer Dichter sich nach fremden
Lümmeleien richtet. — Publikum? Bin ich's doch
selber, der die Sänger begeistert, daß sie thun,
was ich ihnen eingebe. Freilich, es giebt solche
Gebrüder Schmierhans, die mögen sich nach
andern richten, aber denen verschaffe ich nicht den
Lorbeer der Unsterblichkeit.

„Wir müssen eine gesunde Reaktion ausüben
gegen die Sünde, die Nacktheit der Natur."

Verrückte Leute! Bin ich nicht gesund und
schön, und gehe immer nackt in meinen Ge=
birgen?! Wer ist doch gesund: die Natur oder
diese schwarzen Holzpuppen? Possierlicher Un=
sinn.

„Und was die bildenden Künste anbetrifft,
so soll man nicht mehr gestatten, daß der nackte
Körper mit solcher Unverschämtheit den Blicken

der Unschuld preisgegeben wird Wir müssen
überall einen Schurz vorhängen, damit die lieben
höheren Töchter und Söhne nicht zu erröten
brauchen. Oft werden wir ein Kunstwerk ganz
verbieten müssen. Erziehlich und moralisch soll
der Künstler wirken. Auch diese alten griechischen
Götter, die schon längst tot sind mit ihrer Ge=
meinheit und Sinnenfreude, sind zu verdecken."

Das ward dem Sonnigen doch zuviel. Du
lügst, du lügst, infamer Schwätzer! Wir sind
lebendig, noch eben lebendig in denen, die das
Leben lieb haben. Und wenn ihr nicht von Holz
seid, so seid ihr Heuchler.

„Auf, auf, würdige Gesinnungsgenossen, zum
Kampfe gegen die häßliche Nacktheit, welche Un=
sittlichkeit ist! Sie gehört in die geschlossene
Stube "

Häßlich sollen wir sein?! Ha, da will ich
euch was Besseres lehren. Er lachte zornig Es
kochte in seinen Adern. Er trat in den Saal der
versammelten Grauen und warf den Fledermaus=
mantel von sich. Da stand er in seiner vollen
leuchtenden Schönheit inmitten der Ver=
sammlung!

Als der Redner das sah, da fiel er kopfüber,
die andern aber schlugen alle mit ihren Nasen
auf die Tischplatten. . . Die nackte Schönheit
hatte sie getötet.

Hu! Da erwachte der Sonnige — diesmal
aber wirklich. So war das erste Erwachen auch

CPSIA information can be obtained
at www.ICGtesting.com
Printed in the USA
BVHW011811170422
634544BV00002B/24